Konrad F. Mueller:
Adventmission – warum?

Konrad F. Mueller

Adventmission – warum?

Bibliografische Information der Deutschen Nationalbibliothek: Die
Deutsche Nationalbibliothek verzeichnet diese Publikation in der
Deutschen Nationalbibliografie; detaillierte bibliografische Daten sind
im Internet über dnb.dnb.de abrufbar.

© 2019 Dr. Konrad F. Mueller
3. Auflage 2019
Herausgegeben von Fritz Müller
Foto Buchcover: © Giorgio Magini – stock.adobe.com

Herstellung und Verlag:
BoD – Books on Demand, Norderstedt

ISBN 9-783 749-468 393

Inhalt

Prolog

Die Maschine des Fluges KLM Nr. 563 war schon seit etwa 20 Minuten in der Luft. Der Pilot gab soeben die Flugroute bekannt: In ungefähr 20 Minuten würden wir München überfliegen, dann entlang der Adria, vorbei an Griechenland, direkt über Kreta auf Ägypten zu und über den Sudan zum ersten Stopp nach Daressalam, der Hauptstadt von Tansania, dem ehemaligen Deutsch-Ostafrika. Unser endgültiges Ziel war Lilongwe, Hauptstadt von Malawi. Diese unglaubliche Strecke bewältigten wir innerhalb von zehn Flugstunden!

Wir hatten als Missionsteam am Morgen auf dem Flughafen von Schiphol eingecheckt und waren auf dem Weg zu einem Einsatz der Advent-Mission in Malawi. Nun saßen wir im Flugzeug nebeneinander und tauschten uns über erlebte Missionserfahrungen in Westafrika aus. Dabei erwähnten wir Namen von einigen uns bekannten Missionaren, als uns plötzlich ein älteres Ehepaar, das vor uns saß, unterbrach und sich als Dr. Steven und Gattin vorstellte. Sie waren mit einigen der erwähnten Missionare bekannt und befanden sich ebenfalls auf der Reise nach Malawi, um dort für drei Monate eine Arztfamilie abzulösen, die einen Erholungsurlaub dringend nötig hatte. Wir waren also nun zu fünft im freiwilligen Missionseinsatz, um die Arbeit von hunderten von Ärzten, Lehrern, Entwicklungshelfern und Pastoren zu unterstützen, die im Auftrag der Adventmission in vielen Ländern tätig sind.

Adventmission gibt es seit dem Jahre 1874, als der erste Missionar von der Generalkonferenz nach Europa gesandt wurde. Sein Name war

John Nevins Andrews (1829 – 1883). Er nahm seine Tätigkeit zunächst in Basel (Schweiz) auf. Heute unterhält die Adventmission Krankenhäuser, Schulen, Verlagshäuser sowie Missionsstationen, besonders in Asien, Afrika, Lateinamerika und Osteuropa. Hinzu kommt die adventistische Hilfsorganisation ADRA (Adventist Development and Relief Agency) und ihr weltweites Netzwerk im Bereich Katastrophenhilfe und Entwicklungszusammenarbeit. Was es mit dieser Mission auf sich hat, soll dieses Buch vermitteln.

1. Die Berufung zum Missionar erleben

Wir hatten einen sehr angenehmen Flug. Kurz bevor wir in Daressalam landeten, machte uns der Flugkapitän auf den großartigen Blick auf den Kilimandscharo, den höchsten Berg Afrikas, aufmerksam. Es bot sich uns ein majestätischer Anblick: Die kraterförmige, schneebedeckte Kuppe des Berges ragte aus einem Wolkenmeer wie ein mächtiger Riese hervor. Nach einem kurzen Aufenthalt ging der Flug weiter nach Lilongwe, der Hauptstadt von Malawi. Bei der Ankunft wurden wir vom afrikanischen Leiter der dortigen Adventmission herzlich begrüßt. Zoll- und Einreiseformalitäten wurden schnell und höflich abgeschlossen, und dann befanden wir uns auch schon auf dem Landweg zur adventistischen Zahn- und Augenklinik in Lilongwe. Während der Fahrt staunten wir über die großzügig angelegten Straßen der Hauptstadt und ihre Gebäude.

In der Klinik arbeitete ein junger Augenarzt, der schon vor einigen Monaten in Afrika seine Arbeit begonnen hatte. Dr. Gary Petersen entstammte einer Baptistenfamilie in Los Angeles. Seine Eltern nahmen es allerdings mit ihrem Glauben nicht sehr genau. Ganz im Gegensatz zur Großmutter, der Nana, die selbstlos und fleißig alles für ihre Familie tat. Nana war tiefgläubig und gehörte den Presbyterianern an. Ihr religiöser Einfluss war groß und erweckte in ihren Enkelkindern die Liebe zu Christus. Leider starb sie, als Gary zwölf Jahre alt war. Von dieser Zeit an verlor der Junge seinen religiösen und familiären Halt: Er kam in schlechte Gesellschaft, wurde Mitglied einer Jugendbande, die Marihuana rauchte, herumlungerte und kräftig Alkohol konsumierte.

Eines Nachts träumte er, dass er mit einigen Kumpels spät abends in einem offenen Auto in Los Angeles auf dem Sepulveda-Boulevard entlangraste. Als sie an der Kreuzung am Santa-Monica-Boulevard bei Rot anhalten mussten, sah er auf der rechten Straßenseite ein großes, hell erleuchtetes gelbes Schild, auf der eine Warnung zu lesen war, die ihn erschreckte. Er rief seinen Freunden zu: »Seht dorthin! Seht ihr das Warnschild? Was bedeutet das?« Doch die Freunde lachten nur. Ihnen bedeutete die Warnung nichts. Als Gary sie noch einmal las, schnürte lähmende Angst ihm die Kehle zu. Schweißbedeckt wachte er auf. Er suchte nach dem Lichtschalter, nahm sein Schreibzeug, um das Geträumte niederzuschreiben. Aber er konnte sich nicht mehr an den Wortlaut der Warnung erinnern. Das Einzige, was er noch wusste, war, dass es ein großes, gelbes Schild war, mit schwarzen Buchstaben geschrieben, und dass es auf der rechten Straßenseite aufgestellt war.

Nach einiger Zeit ging Gary zum College, wo er verschiedene naturwissenschaftliche Fächer belegte. In der Folgezeit bemühte er sich, Versäumtes nachzuholen, vor allem in den Fächern Physik und Chemie. Aber innerlich war er hin- und hergerissen. In die Kirche ging er schon lange nicht mehr. So befand er sich in einer inneren Krise: Einerseits hatte er allen Glauben an eine übernatürliche Kraft aufgegeben, selbst den Glauben an die Existenz Gottes – andererseits spürte er aber auch das Verlangen, wieder zur Kirche zu gehen, um inneren Frieden zu finden.

Eines Tages hielt er an einer kleinen Kapelle, aus der gerade die Gottesdienstbesucher ins Freie traten. Es waren Farbige. Als er ihre glücklichen Gesichter sah, erfüllte ihn Sehnsucht. Es war ihm bekannt, wie Schwarze in ihren Gottesdiensten ihre Begeisterung zeigen und ihre Lieder voller Kraft und Überzeugung singen. All dies schien er jetzt zu spüren, als er die aus der kleinen Kapelle kommenden Menschen sah. Er spürte den Wunsch, selbst auch zu solch einer Gemeinde zu gehören. Doch gleichzeitig wurde ihm bewusst, dass es lauter Schwarze waren. Wie konnte er sich als einziger Weißer unter ihnen zurechtfinden? Er dachte bei sich: In diese Kirche würde ich bestimmt gehen – aber nur, wenn mich jemand einladen würde. Vielleicht ist dies die Gemeinde, in der ich Frieden finden könnte. Wer sollte ihn aber schon einladen?

Einige Zeit später brach Gary sein Studium ab. Er hatte einen verrückten jungen Mann kennengelernt, der aus Florida kam und davon träumte, Komponist zu werden und mit einer eigenen Firma Schallplatten zu produzieren. Mit ihm freundete sich Gary an; er empfand ihn wie einen älteren Bruder, den er selbst nie gehabt hatte. Durch diese Freundschaft vertrödelte Gary vier Jahre seines Lebens, außerdem 7000 Dollar.

Nach wenigen Tagen eröffnete ihm der neue Freund, dass er mit einem Medium in Verbindung stehe. Doch da Gary nicht an übernatürliche Kräfte glaubte, nahm er das nicht ernst und tat es als Spinnereien ab.

Eines Tages lud dieser Freund ihn zu einer spiritistischen Sitzung ein, und da Gary gerade nichts zu tun hatte, ging er aus Neugier mit. Für alle Fälle steckte er sich einen Kassettenrecorder mit Mikrofon ein, falls sich etwas Interessantes ereignen sollte, wollte er es aufnehmen können. Wie überrascht war er, keinen düsteren Raum mit einer kartenlegenden Zigeunerin vorzufinden. Stattdessen fand er sich in einem Gebäude wieder, das einer Kirche ähnelte. Über der Eingangstür hing ein Schild: »Kirche des Meisters des Universums«. Die dort bereits versammelten Menschen sangen christliche Lieder, was die Neugier Garys verstärkte. Beim Betreten des Innenraums wurde ihm sofort bewusst, dass ihn eine unerklärliche Atmosphäre umgab. Die Luft schien mit Energie geladen zu sein. Er konnte nicht unterscheiden, ob diese unheimliche Kraft gut oder böse war. Er spürte sie lediglich. Garys bisherige Zweifel an übernatürliche Kräfte waren wie weggefegt. Gleichzeitig erfasste ihn eine Ungewissheit über sein Verhältnis zu Gott, und er begann, über sein Seelenheil nachzudenken. Er hatte das Empfinden, dass er dafür etwas tun müsste.

Es wurden Zettel verteilt. Jeder Anwesende wurde aufgefordert, eine Frage an einen ihm bekannten Verstorbenen zu richten. Gary erinnerte sich an seine tote Großmutter und schrieb folgende Frage auf seinen Zettel: »Nana, habe ich in meinem Leben etwas Wichtiges vergessen? Gary.« Er meinte damit, ob er Gott vergessen habe; Nana würde ihn schon verstehen. Inzwischen ließ er den Recorder laufen und stellte das Gerät unter seinen Stuhl.

Dann kam das Medium in den Raum: eine durchaus vertrauenserweckende Frau. Nach einigen stimmungsvollen Liedern begrüßte sie die Anwesenden und brachte die Hoffnung zum Ausdruck, dass jeder eine befriedigende Antwort auf seine Frage erhalten werde. Die Zettel wurden auf das Podium geschüttet, und Evelyn – so hieß die Frau – begann, eine Frage nach der anderen zu beantworten. Ohne die gefalteten Zettel zu öffnen, beschrieb sie die Szenen, die ihr als Medium gezeigt wurden, und zitierte die Stimmen, die sie sprechen hörte. Zu Garys Freund, der einen verstorbenen Popsänger befragt hatte, sagte Evelyn: »Du musst alles genauso machen und die gleichen typischen Bewegungen zeigen wie Elvis (Presley)«. Nun kam Gary an die Reihe: »G.P., wenn ich diese Botschaft berühre, stelle ich die Verbindung mit jemand aus der Geisterwelt her, die Luise heißt, außerdem mit jemandem am selben Ort mit Namen Tom. Wenn ich von Tom rede, wird mir bewusst, dass er schon vor vielen Jahren verstorben ist. Was die Person betrifft, die diesen Zettel an jene Luise geschrieben hat, so habe ich den Eindruck, dass sich der Schreiber Gedanken darüber macht, etwas im Leben vernachlässigt oder vergessen zu haben. Aber der Geist versichert mir: Nein, du hast wirklich nichts versäumt oder vernachlässigt. Ich kann dir bestätigen, Gary, du hast wirklich nichts vergessen oder außer Acht gelassen«.

Evelyn hatte den genauen Namen von Garys Großmutter – Luise – genannt, ohne dass dieses Wort auf Garys Zettel stand. Außerdem gebrauchte sie beim Zitieren des Geistes jene Ausdrücke, die Garys Großmutter benutzte. Auch der Tonfall war genauso, wie Nanas Aussprache, Akzent und Rhythmus ihrer Stimme gewesen waren. Als Gary später seiner Mutter die Kassette vorspielte, bestätigte sie dies. Auf Garys Frage, wer jener Tom gewesen sei, erklärte die Mutter, dass es sich um Nanas älteren Bruder handelte, mit dem sie sehr verbunden war, der jedoch schon lange vor ihr gestorben war. Die Mutter war völlig davon überzeugt, dass es tatsächlich Nana war, die Gary jene Botschaft zukommen ließ. Aber Gary glaubte es nicht. Er fand zwar keine Erklärung dafür, wie eine solche Kommunikation zustande kommen konnte, aber eines wusste er ganz sicher: Die Botschaft konnte nicht stimmen, weil seine Großmutter niemals die Art und Weise seines bisherigen Lebens gutgeheißen hätte.

Dieses Erlebnis brachte Gary zum Nachdenken, und je länger je mehr schämte er sich deswegen und versuchte, alles zu vergessen. Zunehmend wurde er von dem Gedanken begleitet, dass, wenn es Jesus wirklich gebe, er ihn retten würde – einerlei, wie sein Leben bisher auch gewesen sei, und ein Verlangen nach Jesus wurde in ihm wach.

Einige Zeit später erhielt er von seinem Freund ein Buch von Hale Lindsay mit dem Titel: »Der verstorbene Planet Erde«, das Prophezeiungen der Endzeit und das zweite Kommen Jesu Christi beschreibt. Dies waren völlig neue Gedanken für Gary, die aber für sein weiteres Leben entscheidend werden sollten. Er erinnerte und wunderte sich zugleich, dass er noch nie eine Predigt über das zweite Kommen Jesu gehört hatte. Durch dieses Buch angeregt, fing er an, die Bibel, besonders das Neue Testament, zu studieren. Lindsay beschreibt in seinem Buch eine geheime Entrückung der Gläubigen: Die Christen von allen Enden der Erde würden eines Tages plötzlich in der Luft entschwinden. Danach komme eine große Trübsal über die Erde. Obwohl Gary bis dahin die Bibel nicht gelesen hatte, schien ihm die Ansicht Lindsays falsch zu sein. Aber die Wiederkunft Christi hielt sich in seinem Kopf und beschäftigte ihn sehr. Es veranlasste ihn, mehr über sein bisheriges Leben nachzudenken.

Damals nahm Gary in einem Hospital Arbeit im Nachtdienst an. Gleichzeitig arbeitete er tagsüber für seinen Freund, indem er Texte vertonte und Tonaufnahmen machte. Der Freund war sich inzwischen gut etabliert, hatte geheiratet und bewohnte eine Villa in den Bergen am Pazifischen Ozean. Wenn immer möglich, verbrachte Gary seine Freizeit am Strand, rauchte Marihuana und nahm Kokain. Jedoch – das Verhältnis zu seinem Freund verschlechterte sich zusehends, und Gary lief Gefahr, seine Investitionen im Geschäft des Freundes zu verlieren.

Eines Tages fuhr er mit seinem Auto den Sepulveda-Boulevard entlang, er erreichte die Kreuzung Santa-Monica-Boulevard – genau dort, wo er vor Jahren im Traum jene Warntafel gesehen hatte. Die Ampel zeigte Rot an; er musste anhalten. Da fuhr plötzlich ein schwarzer

Kombi neben ihm in die rechte Spur. An der Rückseite des Fahrzeugs war ein großes gelbes Schild angebracht, auf dem in schwarzer Blockschrift die Worte zu lesen waren: »Bereite dich vor, deinem Gott zu begegnen!« Gary wusste schlagartig, dass dies jene Warnung war, die er Jahre zuvor im Traum gesehen hatte.

In den darauffolgenden Wochen spürte er immer deutlicher, dass er die Gedanken und Ideale seines Musikfreundes nicht mehr teilen konnte, während sie doch beide meinten, Christen zu sein, und dass Jesus sie schon retten würde, weil sie an ihn als Sohn Gottes glaubten. Garys Freund plante, in der Wüste ein Stück Land zu kaufen, wo er sich einen Bunker bauen wollte, um in der sich anbahnenden Zeit der Trübsal zu überleben und das Ende der Welt abzuwarten. Er prahlte oft und gerne mit irrealen Zukunftsplänen, träumte von großem Reichtum und Erfolg als Musiker. Gary dagegen hörte mehr und mehr auf die Stimme seines Gewissens.

Als der Freund sich eines Tages wieder in Prahlereien erging, geschah es, dass Gary bei allem, was der Freund vorbrachte, in seinem Inneren einen Bibeltext als Antwort hörte. Dies passierte künftig öfter, sodass Gary anfing, in seiner Bibel die ihm ins Bewusstsein gedrungenen Texte zu suchen. Er konnte sich an jeden einzelnen erinnern, obwohl er sie nie auswendig gelernt hatte. Sie kamen ihm Wort für Wort ins Gedächtnis zurück wie zum Beispiel: »Ihr seid's, die ihr euch selbst als gerecht hinstellt vor den Menschen; aber Gott kennt eure Herzen ...« (Lukas 16,15); oder: »Suchet, was droben ist, da Christus ist, sitzend zur Rechten Gottes« (Kolosser 3,1); oder: »Trachtet am ersten nach dem Reich Gottes und nach seiner Gerechtigkeit, so wird euch solches alles zufallen« (Matthäus 6,33).

Die Ergebnisse beeindruckten Gary so stark, dass er innerhalb von zwei Wochen sämtliche Drogen aufgab. Er fühlte sich vom Verstand her mit Gott versöhnt, aber er hatte noch nie zu Gott gebetet. Er spürte deutlich: Wenn es einen Gott gibt, dann wird er auch sein Gebet erhören. Zunächst setzte er sein begonnenes Bibelstudium fort. Besonders stark beschäftigte ihn das zweite Kommen Jesu. Er hatte das Empfinden, dass diese Lehre in den Kirchen, die er früher besucht hatte, gar nicht beachtet wurde. Nachts arbeitete Gary weiter im Hospital, tagsüber nahm er sich Zeit, seine Bibel zu lesen. Das Studium der Offenbarung faszinierte ihn, und er begann, sie hier und da stückweise zu begreifen. Hilfreich war für ihn ein früher an der Universität absolvierter Kurs in europäischer Geschichte. Er erinnerte sich an Vorlesungen über die Inquisition und wie das päpstliche Rom Jahrhunderte hindurch die Könige Europas kontrollierte. Ihm wurde der Zusammenhang bewusst, dass die einfachen Menschen die lateinisch verfassten Schriften nicht lesen und verstehen konnten und ihnen dadurch das Verständnis der Bibel verschlossen blieb. Nun verstand er die Bedeutung der Reformation durch Martin Luther und deren Auswirkungen auf das alltägliche Leben der Menschen. Jedoch – wie alle diese Ereignisse zusammenhingen und wie sie sich zur Endzeit hin entwickeln sollten, blieb ihm unklar. Er war an die Grenze seines Denkvermögens gelangt.

Ihm wurde schmerzlich bewusst: Ich brauche eine Kirche, in der ich mit allen meinen Fragen gut aufgehoben bin – aber welche? Das war die wichtige Frage. Es gab so viele Kirchen und Gemeinden! Gleichzeitig erkannte er immer deutlicher, wie töricht er in vielen Entscheidungen seines Lebens gehandelt hatte. Da kam ihm im Blick auf seine Bibel ein Gedanke: Gottes Wort ist trotz vieler Kriege und Verfolgungen erhalten geblieben. Menschen Gottes wurden ins Gefängnis geworfen, gemartert und sogar getötet, aber sie bewahrten bis zuletzt sein Wort und ihren Glauben. Sollte Gott nicht in der Lage sein, ihn zu Menschen zu führen, die ihm mehr über Gottes Wahrheit sagen konnten? Er ging in seinem Zwiegespräch noch weiter: So wie Gott sein Wort bewahrt hat, wird er Gläubige erhalten haben, die die volle, ursprüngliche Wahrheit erkannt haben. Gary war überzeugt davon, dass Gott, der ihm jenen Traum gegeben hatte, in dem das Warnungsschild an der Kreuzung vom Sepulveda-/Santa-Monika-Boulevard zu sehen war, mit ihm einen Plan hatte. Er müsste nur selbst dazu bereit sein, sein Leben Gott zu übergeben.

An jenem Abend geschah noch etwas anderes. Es wurde Gary bewusst, dass sich in seinem Haus Dinge befanden, die ein Christ nicht haben sollte. Er machte sich unverzüglich daran, alles wegzuwerfen, was er als Christ nicht mehr besitzen wollte: Statuen und antike Götter-Figuren, die er zur Dekoration genutzt hatte. Danach betete er zum ersten Mal in seinem Leben, bekannte alle seine Sünden und bat Gott um Vergebung. Auch betete er darum, dass ihn Gott eine Gemeinde finden lassen möge, in der er geistlich wachsen und Gott aufrichtig dienen könne. Mit einem Gefühl großen inneren Friedens und Gottvertrauens begab er sich an diesem Abend zu Bett. Seinen Zustand beschrieb er später mit folgenden Worten: »Ich hatte ein unbeschreibliches Gefühl der Erleichterung, das ein wenig damit zu vergleichen ist, als würde mir mein vor Monaten gestohlenes Auto von der Polizei wohlbehalten wiedergebracht. – Ich war mir sicher, dass Gott mein Gebet erhören werde«.

Am folgenden Abend war Gary im Hospital. Er hatte die Aufsicht über den Nachtdienst. Gegen 22:00 Uhr bereiteten sich die Schwestern auf den Schichtwechsel vor. Da trat eine junge Schwester mit Namen Jemima (sie stammte aus Westindien) an Gary mit folgenden Worten heran: »Herr Petersen, könnte ich Sie einen Augenblick sprechen?« Er antwortete: »Sicher, was kann ich für Sie tun?« Gary war auf alles gefasst, nur auf das nicht, was jetzt kam: »Ich möchte Sie einladen, morgen mit mir zur Kirche zu kommen, aber ich weiß nicht ...« Sie stockte. »Ja, klar«, antwortete er, »ich komme gern«. An sein Gebet vom vorhergehenden Abend dachte er in dem Moment aber nicht. »Was für eine Kirche ist es denn?«, wollte er noch wissen. Sie antwortete: »Siebenten-Tags-Adventisten«. Gary dachte einen Augenblick nach. Es war Freitagabend und morgen würde Samstag sein. Da erinnerte er sich verschwommen daran, dass Adventisten den Samstag, den siebenten Tag der Woche, feierten, wusste aber nicht, warum. In seiner Nachbarschaft im Westen von Los Angeles befand sich eine japanische Kirche der Siebenten-Tags-Adventisten. Unter der englischen Beschriftung standen große japanische Schriftzeichen. Gary vermutete in diesem Gebäude große Buddha-Statuen oder Ähnliches. Darum fragte er Jemima: »Sind Siebenten-Tags-Adventisten eigentlich Christen? Und warum feiern sie ihren Gottesdienst am Samstag?« »O ja«, antwortete Jemima, »Gott gebot uns, den Sabbat, den siebten Tag der Woche, zu halten, wie es in den Zehn Geboten geschrieben steht. Aber die katholische Kirche verlegte den Tag der Anbetung, den biblischen Sabbat, auf den Sonntag.« Dies war für Gary gänzlich neu, er hatte nie etwas davon gehört. Doch er begriff sofort, worum es hier ging: Die

Zehn Gebote waren ursprünglich dem jüdischen Volk gegeben worden, darum hielten sie das vierte Gebot, den Sabbat. Er wusste auch, dass die katholische Kirche außerdem viele Dogmen, die nicht mit der Bibel übereinstimmten, den Christen aufgezwungen hatte. Gary stellte noch mehr Fragen über die Gemeinde der Adventisten. Jemima erzählte bereitwillig. Sie erwähnte auch, dass die meisten Adventisten Vegetarier seien und ein überdurchschnittliches Gesundheitsniveau haben. Je mehr Gary hörte, umso spannender wurde es für ihn.

Am nächsten Morgen nahm Gary sein Auto und holte Jemima und ihre Schwester Rachel zum Gottesdienst ab. Sie mussten etwa zwölf Kilometer fahren und kamen in die Gegend, wo Gary vor Jahren das College besucht hatte. Er traute seinen Augen nicht, als er die kleine Kirche erblickte, zu der die beiden jungen Frauen ihn führten. Es war dieselbe Kirche, die er vor sechs Jahren bewundert hatte. Damals hatte er sich gewünscht, jemand möge ihn einladen, sie zu besuchen und am Gottesdienst teilzunehmen. Nun stand er davor und hegte nur einen Gedanken: Gott hatte ihn nicht vergessen, sondern seinen einstigen Wunsch ernst genommen und erfüllt.

Alles, was nun folgte, war für Gary sehr beeindruckend: die Schlichtheit des Gottesdienstes, das hohe geistliche Niveau, die Freundlichkeit der Gemeindemitglieder – und vor allem das Thema der Bibelschule im ersten Teil des Gottesdienstes. Es wurde gerade über die Offenbarung, das letzte Buch der Bibel, gesprochen Gary erkannte, dass Gott ihn nicht nur zu seiner Gemeinde geführt hatte, sondern es zeitlich so fügte, dass er gerade das zu hören bekam, was er am dringendsten brauchte. Allerdings nahm er nicht alle Lehren kritiklos hin, obwohl er in seinem Inneren überzeugt war, von Gott persönlich geführt zu werden. Er wollte unbedingt sichergehen, dass er sich nicht täuschte.

Vieles war für Gary völlig neu, aber interessierte ihn brennend. Er nahm sich die einzelnen Texte vor und verglich das Bibelschulheft mit den Texten in der Bibel. Dazu brauchte er mehrere Monate.

Für das Verständnis der Offenbarung wurde das Bibelstudienheft für ihn eine große Hilfe. Ebenso kamen ihm seine Geschichtskenntnisse zustatten. Als ihm eines Tages jemand das Buch »Der große

Kampf« von Ellen G. White zu lesen gab und er sich darein vertiefte, waren viele Zweifel in ihm beseitigt. Er erkannte: Gott hatte ihn Schritt für Schritt zu seiner Gemeinde geführt. Gary wurde am 12. Juni 1980 getauft, gerade eine Woche vor seinem 25. Geburtstag. Es ist nicht verwunderlich, dass Gary in der Gewissheit, von Gott geführt zu werden, sich entschloss, nach Abschluss seiner medizinischen Ausbildung als Missionsarzt nach Malawi zu gehen. Er selbst erzählte uns seine Geschichte, als wir ihn in der adventistischen Klinik in Lilongwe kennenlernten. Diese Klinik ist ein Bestandteil der adventistischen Missionsarbeit, über deren Entstehung die folgenden Kapitel berichten sollen.

2. Gibt es eine biblische Zeitrechnung?

Ägypten ist das Traumland vieler Reisender, besonders solcher, die an Weltgeschichte interessiert sind. In diesem alten Kulturland betritt man geschichtlichen Boden, wo immer man hinkommt.

Da ist die Hauptstadt Kairo, die sich am Nil-Delta entlang erstreckt; die Pyramiden von Gizeh – Grabdenkmäler der Pharaonen, die sich auf diese Weise den Übergang ins Jenseits sichern wollten. Das sogenannte Jenseits war für sie mystisch. Kairo ist eine Stadt der Kontraste, wo Mercedes, Peugeots, Toyotas und Ladas die Straßen verstopfen und anhalten müssen, um Eselskarren Platz zu machen, die unbekümmert ihr Straßenrecht wie vor 2000 Jahren beanspruchen. Kairo ist auch die Stadt der 1000 Moscheen, von denen bereits um vier Uhr in der Frühe die Imame zum Gebet rufen – heute durch Lautsprecher verstärkt –, die dafür sorgen, dass niemand die Zeit verschläft.

Eine Moschee erweckte meine besondere Aufmerksamkeit, als ich im Juli 1990 zum ersten Mal diese Metropole im Mittleren Osten besuchte: die Mohammed-Ali-Moschee mit ihren imposanten Kuppeln, hoch oben auf der Zitadelle der Stadt gelegen, ein unverkennbares Wahrzeichen der Stadt. Dieses Zentrum des Islams ist nach dem Begründer des modernen Ägyptens, Mohammed Ali Pascha, benannt, der im Jahre 1839 gegen seinen Oberherrn, Murhand II., Sultan der Türkei, rebellierte und ihn in einem Blitzkrieg in die Knie zwang. In jener Schlacht zerstörte er die türkische Flotte bis auf wenige Schiffe, die er kaperte und in Gewahrsam nahm. Er erweiterte die Grenzen Ägyptens über Damaskus hinaus.

Jene Ereignisse markierten genau auf den Tag das Ende einer biblisch-prophetischen Zeitspanne, die in ihrer Exaktheit Historiker und Bibelgelehrte gleichermaßen verblüffen muss. Diese prophetische Zeitkonstellation ist in Offenbarung 9 als 5. und 6. Posaune beschrieben. Schon die Reformatoren Martin Luther und Heinrich Bullinger interpretierten diese Posaunen mit ihren verheerenden Auswirkungen als den Mohammedanismus, der über das Oströmische Reich hereinbrach. Dieser Macht wurde in der Prophetie eine Zeitspanne von einmal fünf Monaten und zum anderen von einem Jahr, einem Monat, einem Tag und einer Stunde eingeräumt (Offenbarug 9,5 – 15). Das ergibt in prophetischer Chronologie eine Zeitspanne von 541 Jahren und 15 Tagen. Wie diese Berechnung zustande kommt, soll später erläutert werden.

Nun stellt sich die Frage, wie die genannte Zeit in der Geschichte aufgespürt werden kann. Als ich vor dem Gemälde Mohammed Alis von Ägypten stand, das in den Privatgemächern seines einstigen Schlosses zu besichtigen ist, kam mir beim Betrachten der Gedanke: Wenn ich doch diesem Herrscher im Nachhinein erklären könnte, dass er zu seinen Lebenszeiten durch seinen Putsch eine wichtige Voraussage erfüllt habe, die 1850 Jahre zuvor der Apostel Johannes niederschrieben hatte.

Kurz erklärt handelt es sich um folgende Ereignisse: Am 27. Juni 1299 griffen die zum Islam übergetretenen Türken unter ihrem Anführer Ottoman das Byzantinische Reich (Ost-Rom) in der Schlacht von Baphema zum ersten Mal an. Dieses Geschehen muss als der Beginn der 150-Jahr-Periode angesehen werden. Im Verlauf der darauffolgenden Jahre erweiterte sich die Machtstellung der Türken derartig, dass im Jahr 1448 Kaiser Konstantin Paleologus die Erlaubnis seiner Thronbesteigung von Sultan Murrad II. einholte, die dieser ihm am 6. Januar 1449 gnädig gewährte. Damit jedoch erkannte der Kaiser die Oberhoheit des Sultans an. Dieses Ereignis bringt uns gleichzeitig an das Ende der 150 vorausgesagten Jahre der 5. Posaune in Offenbarung 9. Zählen wir nun von 1449 391 Jahre weiter, so gelangen wir zum Jahr 1840, genau bis zum 27. Juli – also dem Zeitpunkt, als sich Mohammed Ali im

Aufstand gegen den türkischen Sultan befand. Ali Pascha war kein Ägypter, sondern stammte aus Mazedonien und war lange Vasall des Sultans. Er war tatkräftig und von kühler, berechnender Natur. Er verfügte über eine disziplinierte Armee, mit der er über kurz oder lang den Sultan in die Knie gezwungen hätte. Dagegen aber stellten sich die europäischen Mächte: England, Frankreich, Russland, Österreich und Preußen. Sie beriefen in London eine Konferenz ein, auf der sie einen Vertrag aushandelten, der das Fortbestehen der Türkei sicherstellte, aber auch die Unabhängigkeit Ägyptens unter Mohammed Ali garantierte. Dieser Vertrag wurde Ali Pascha in Form eines Ultimatums übergeben, das ihm zehn Tage für die Entscheidung ließ. Darin wurden ihm Ägypten und Syrien als Herrschaftsbereich zuerkannt, gleichzeitig jedoch die Bedingung gestellt, seine Truppen bis an die vorgeschriebenen Grenzen zurückzuziehen und dem Sultan die noch vorhandenen, aber gekaperten Schiffe zurückzugeben. Diese Bedingungen wurden am 11. August 1840 Mohammed Ali überbracht. Der Sultan hatte gleichzeitig bei den europäischen Mächten angefragt, was geschehen würde, wenn Ali Pascha das Ultimatum nicht annehme, worauf er die Zusicherung erhielt, dass man dafür bereits Vorsorge getroffen habe. Damit stellte sich der Sultan gewissermaßen unter die Oberhoheit der europäischen Nationen und gab seine Eigenständigkeit auf. Dies geschah genau am Ende der geweissagten Zeit – nach 541 Jahren und 15 Tagen!

Verständlicherweise ist keine prophetische Zeitrechnung sinnvoll, wenn die Menschen die Erfüllung gar nicht verstehen. Tatsächlich hatte der Amerikaner Josiah Litch, ein führender Mann in der Miller-Bewegung, den Fall des Ottomanischen Reiches aufgrund dieser Prophetie genau einige Wochen zuvor angekündigt. Als das Ereignis dann wie beschrieben eintraf, erregte es große Aufmerksamkeit und gab der Miller-Bewegung in den USA einen gewaltigen Auftrieb.

An all dies musste ich denken, als ich die Mohammed-Ali-Moschee und das dahinterliegende Schloss besuchte. Doch nun erhebt sich die Frage, was hat das alles für uns heute zu bedeuten? Darauf soll im Folgenden eingegangen werden.

Die großen Entwicklungen im Heilsplan Gottes waren stets prophetisch vorhergesagt. Daraus ergibt sich für alle Christen die Verpflichtung, das prophetische Wort ernst zu nehmen. In der Tat, es ruht eine große Verantwortung auf jedem Einzelnen, der in der Nachfolge Jesu steht, sich mit dem prophetischen Wort zu beschäftigen. Die Adventgemeinde hat dies immer betont; sie selbst sieht sich als eine Bewegung, deren Wurzeln tief im prophetischen Wort verankert sind: »Wir haben desto fester das prophetische Wort, und ihr tut wohl, dass ihr darauf achtet als auf ein Licht, das da scheint an einem dunklen Ort, bis der Tag anbreche und der Morgenstern aufgehe in euren Herzen. Und das sollt ihr wissen, dass keine Weissagung in der Schrift eine Sache eigener Auslegung ist. Denn es ist noch nie eine Weissagung aus menschlichem Willen hervorgegangen; sondern von dem heiligen Geist getrieben haben Menschen im Namen Gottes geredet« (2. Petrus 1,19 – 21).

Wir leben in einer Zeit, in der das Interesse an Horoskopen und Zukunftsprognosen unglaubliche Dimensionen angenommen hat, und das in allen Bevölkerungsschichten. In den Zeitungen und Illustrierten kann man fast täglich etwas über Horoskope lesen Sogar in öffentlichen Diskussionen sprechen Menschen freimütig davon, wie sie sich von Astrologen beraten und leiten lassen. Der ungeheure Zulauf zu allen esoterischen Bereichen ist zum größten Teil der Angst der Menschen vor einer ungewissen Zukunft zuzuschreiben, der sich sowohl der einzelne als auch die Nationen ausgeliefert fühlen. Jedoch, was Zukunftsprognosen anbetrifft, so tappt der von Gott entfremdete Mensch im Dunkeln.

Gerade an diesem Punkt bietet Gott durch das prophetische Wort Licht und Durchblick an: »Wir haben desto fester das prophetische Wort ...« (2. Petrus 1,19). Natürlich spielen auch menschliche Wissbegier und Neugier eine bedeutende Rolle in der starken Zunahme der Pseudo-Wissenschaften. Zu gern möchte der moderne Mensch einen Blick in die Zukunft werfen. Hier gilt es festzustellen, dass es Gott allein vorbehalten ist, die Zukunft zu kennen; und wenn er will, kann er sie uns Menschen offenbaren. Biblische Prophetie bietet dem modernen Menschen einen der stärksten Gottesbeweise. Nachdrücklich sagt Gott durch Jesaja: »Ich bin der Herr, das ist mein Name, und ich will meine Ehre keinem anderen geben noch meinen Ruhm den Götzen. Siehe, was ich früher verkündigt habe, ist gekommen. So verkündige ich auch Neues, ehe denn es aufgeht, lasse ich's euch hören« (Jesaja 42,8.9). Es wird hier also ganz deutlich darauf hingewiesen: Nur Gott allein kann die Zukunft voraussagen!

In der biblischen Prophetie spielen nicht nur Ereignisse, sondern auch Zeitfaktoren eine wichtige Rolle; sie sind ebenfalls von Gott in die prophetische Struktur eingebaut. Wir wollen sie eingehend beleuchten, weil sie im Allgemeinen von Theologen – wenn überhaupt – nur am Rand behandelt werden. Das ist schon immer so gewesen, sogar zu Jesu Zeiten. Der Apostel Paulus berichtet: »Als die Zeit erfüllt war, sandte Gott seinen Sohn ...« (Galater 4,4). Hier handelt es sich offensichtlich um eine Zeitvoraussage Gottes, die auf das erste Kommen Jesu hinweist. Das würde keine Bedeutung gehabt haben, wenn damals Menschen in der Lage gewesen wären, diese Zeitvoraussage aus dem Alten Testament zu ersehen und das damit verbundene Ereignis richtig zu deuten. Aber wie bekannt ist, waren es nur wenige, die Jesus Christus bei seinem ersten Kommen erwarteten. Es fehlten unter ihnen jene, die es in erster Linie hätten wissen müssen: Priester und Schriftgelehrte, deren Verantwortung es war, als vorgebliche Experten Gottes Wort zu erforschen und auszulegen. Die Tragik Israels, Jesus nicht als seinen Messias erkannt zu haben, ist zum Teil darauf zurückzuführen, dass jene Männer die Erfüllung prophetischer Zeit übersahen.

In den Evangelien sind verschiedene Anhaltspunkte für Zeitfaktoren gegeben, die auf deren Wichtigkeit hinweisen. So sagte Jesus selbst: »Die Zeit ist erfüllt, und das Reich Gottes ist herbeigekommen ...« (Markus 1,15). In den Evangelien wird außerdem erkennbar, wie präzise biblische Zeitangaben benannt werden. So spricht beispielsweise Jesus bei der Hochzeit zu Kana davon, dass seine Stunde noch nicht gekommen sei, das heißt, der Augenblick, um das Wasser-in-Wein-Wunder zu vollziehen. Nur ganz kurze Zeit später handelte er. War damit nicht »seine Stunde« gekommen? (Johannes 2,4). Ein ähnliches Beispiel bietet die Begebenheit, als die Brüder Jesu ihn aufforderten, mit ihnen nach Jerusalem zum Laubhüttenfest zu gehen, wobei er ihnen antwortete: »Meine Zeit ist noch nicht da« (Johannes 7,6);

und nochmals: »Ich will noch nicht hinaufgehen auf dieses Fest, denn meine Zeit ist noch nicht erfüllt« (Vers 8). Einige Tage darauf ging er (Vers 14). Somit war offensichtlich »seine Zeit« zur Erfüllung dieser bestimmten Aufgaben gekommen. Diese Präzision stellen wir schon im Alten Testament fest: Das Volk Israel sollte 430 Jahre in Ägypten bleiben. Sein Auszug erfolgte »an eben diesem Tage«, an dem die genannten Jahre abgelaufen waren (2. Mose 12,40,41). Es stellt sich nun die Frage, auf welche erfüllte Zeit bezieht sich der Apostel Paulus im Galaterbrief? Gibt es eine Prophetie, auf die diese Aussage wirklich zutrifft? In der Tat, die gibt es!

Die einzige Bibelstelle, die in Frage kommt, ist Daniel 9,24 – 27. Es ist notwendig, die Hauptsache hier einzufügen: »... von der Zeit an, da das Wort ergangen ist: ›Man soll zurückkehren und Jerusalem wieder aufbauen!‹, bis zu einem Gesalbten, einem Fürsten, sind es 7 Wochen und 62 Wochen; wiederhergestellt, wiederaufgebaut sind Plätze und Mauern, aber in angstvollen Zeiten« (Jerusalemer Bibel). Hier handelt es sich offensichtlich nach Inhalt und Bedeutung um Gottes Erlösungsplan. Gezeigt wird, dass nach dem Erlass des Befehls zum Wiederaufbau Jerusalems bis zu einem »Gesalbten, einem Fürsten« (= Messias) 69 Wochen (7 + 62) verstreichen sollten. Es ist eine Tatsache, dass der Befehl zum Wiederaufbau Jerusalems und zur Rückkehr der Juden aus der Gefangenschaft im Jahre 457 v. Chr. von Artaxerxes gegeben wurde. Von diesem Zeitpunkt an sollte es 69 Wochen bis zum Auftreten des Messias dauern. Nun muss erwähnt werden, dass es sich hierbei um prophetische Zeit handelt, die etwa mit dem Maßstab einer Landkarte vergleichbar ist. Nach den Aussagen in 4. Mose 14,34 und Hesekiel 4,6 wird ein Tag für ein Jahr gerechnet. Das ergibt einen Maßstab von 1 : 360. Somit ergeben 69 Wochen 483 Jahre. Diese Zeitspanne erstreckt sich von 457 v. Chr. bis 27 n. Chr. In diesem Jahr begann Jesus Christus seine öffentliche Arbeit. Nach Galater 4,4 war demnach die Zeit erfüllt.

Im Daniel-Text sind noch andere wichtige Fakten enthalten, die auf den Messias und seine Aufgabe hinweisen: »... die Sünde wird abgetan und die Schuld gesühnt« – durch Jesu Opfertod (Vers 24). Der Messias wird »ausgerottet« durch den Kreuzestod (Vers 26). Die Kreuzigung geschah »in der Mitte der Woche«, das heißt nach 3,5 Jahren seines Wirkens (prophetische Zeit). Jesu Tod beendete das jüdische Opfersystem, das heißt »Schlacht- und Speiseopfer«, die auf Jesus Christus hingewiesen hatten, waren nicht mehr nötig (Vers 27). Dies wurde demonstriert, als beim Tode Jesu der Vorhang im Tempel zerriss (Matthäus 27,50.51). An dieser Stelle soll darauf hingewiesen werden, dass die 70-Jahrwochen-Prophetie nur der erste Teil der längsten in der Bibel vorkommenden Zeitprophetien ist – nämlich der 2300 Jahr-Tage, die im vorhergehenden 8. Kapitel Daniels beschrieben sind. Daniel 8,14 besagt: »Bis zweitausenddreihundert Abende und Morgen vergangen sind, dann wird das Heiligtum wieder geweiht (gereinigt) werden.« Dem aufmerksamen Leser wird auffallen, dass die Kapitel 8 und 9 zusammengehören und vom Inhalt her nicht voneinander getrennt behandelt werden dürfen. Die 70 Jahr-Wochen sind dem Text zufolge vom längeren Teil – den 2300 Jahr-Tagen – abgeschnitten (Daniel 9,24). Da sich die 70 Jahr-Wochen mit dem Erlösungsplan befassen, wundert es uns nicht, dass auch der zweite und längere Teil sich mit demselben Plan befasst.

Die 2300-Jahre-Prophetie ist mit einer Ellipse vergleichbar. Sie hat zwei Brennpunkte: Das Kreuz und die Wiederherstellung oder Reinigung des Heiligtums. Wie die Reinigung des Heiligtums im Alten Testament einmal im Jahr stattfand und jener Tag als »Großer Versöhnungstag« gefeiert wurde, weil hier die endgültige jährliche Versöhnung für die Sünden des Volkes erfolgte – so weist der Ablauf der 2300 Jahre auf den Beginn der abschließenden Phase des Versöhnungsdienstes Christi für die Menschen hin. Es muss betont werden, dass Christus beide Phasen des irdischen Versöhnungsdienstes im Himmel ausführt: den täglichen (seit seiner Himmelfahrt) und den jährlichen (seit Ablauf der 2300 Jahre, also seit 1844). Erst der Dienst in beiden Phasen erwirkt eine endgültige Versöhnung. Wie der irdische Hohepriester am großen Versöhnungstag die Versöhnung der Menschen durch seinen Dienst abschloss, so wirkt Christus als unser Herr und Hoherpriester am Ende der prophetischen Zeitspanne und führt eine ewige Versöhnung für alle diejenigen herbei, die sein Opfer für sich in Anspruch nehmen.

Es geht in dieser Prophetie also um weit mehr als um den bloßen Ablauf prophetischer Vorhersagen. Hier wird die ganze Tragweite des

»Geheimnisses der Bosheit« (2. Thessalonicher 2,7), alles Widergöttlichen, in seinem Zusammenhang vorgeführt. Gott prangert die antigöttliche Macht an, die in Daniel 8,11–13 als »kleines Horn« dargestellt wird. Diese Macht erdreistete sich, Gottes Heiligtum zu verwüsten, die Wahrheit zu bekämpfen und sich damit bewusst gegen Gott zu stellen. Das in die Prophetie eingebaute Zeitelement besagt jedoch, dass das Wirken der antigöttlichen Macht zeitlich begrenzt ist. Dann aber – so muss man schlussfolgern – wird am Ende dieser Zeit alles, was zerstört wurde, wiederhergestellt werden.

Die 2300-Jahre-Prophetie liegt dem prophetischen Verständnis der Adventgemeinde zugrunde. Eingewendet werden könnte, dass die oben dargestellte Schlussfolgerung lediglich auf einem einzelnen Bibeltext beruhe – auf Daniel 8,14. Das ist jedoch durchaus nicht der Fall, weil eine andere Zeitprophetie, die der 1260 Jahre, die 2300-Jahre-Prophetie wie einen Rahmen umgibt. Diese Zeitprophetie erscheint siebenmal in der Bibel: zweimal im Buch Daniel und fünfmal in der Offenbarung, die Johannes geschrieben hat. Beide Zeitketten haben gemeinsam, dass sie sich in der einen oder anderen Weise mit derselben antigöttlichen Macht befassen, die einen so verheerenden Einfluss in der Geschichte ausübt.

Zum besseren Verständnis sollen nun diese Bibeltexte kurz angeführt und untersucht werden, um aufzuzeigen, dass es sich hier tatsächlich um ein und dieselbe Prophetie handelt.

Das »kleine Horn« von Daniel 8 erscheint im 7. Kapitel, wo es in Vers 25 als gotteslästerliche Macht beschrieben wird, die »die Heiligen des Höchsten vernichten« und »Zeit und Gesetz« (oder die Zeit im Gesetz Gottes) verändern wird. Dies geschieht über einen Zeitraum von 3,5 »Zeiten« (= Jahren) oder 1260 Jahr-Tagen. Dieselbe Zeitspanne wird in Daniel 12,7 erwähnt als Zeitdauer der Verfolgung des Volkes Gottes. Ähnlich wird die Trübsalszeit (»heilige Stadt«) in Offenbarung 12,7 beschrieben, die 42 Monate währen soll, also 1260 Jahr-Tage. Gleich im nächsten Vers (Vers 3) haben wir die vierte Zeitangabe, die von derselben Zeitdauer (1260 Jahr-Tage) spricht, in der Gottes Zeugen – »angetan mit Trauerkleidern« – »zeugen« oder »weissagen«. Gemeint ist damit das gehinderte Verkündigen des Alten und Neuen Testaments im

Verlauf dieser Zeit. Offenbarung 12,6 spricht von der Verfolgung der Gemeinde und von ihrer Bewahrung in der Wüste im selben Zeitraum.

Im 14. Vers wird das Gleiche in etwas anderen Worten ausgesagt, jedoch die Festlegung der Zeitspanne ist dieselbe wie im Daniel 7,25. Der Text bestätigt, dass Gott seine Hand über seine Gemeinde hält und sie vor Vernichtung bewahrt.

Der letzte der sieben Zeittexte ist Offenbarung 13,5 – 7. Hier werden alle vorhergegangenen Texte zusammengefasst. Die Macht des »kleinen Horns« wird als Tier dargestellt, das unter der Leitung Satans 42 Monate, das heißt 1260 Jahre, sein Unwesen treibt. Es lästert Gott, seinen Namen, die Wohnung Gottes – das Heiligtum –, die Bewohner des Himmels – die Engel. Dann, auf die Erde bezogen, verfolgt es die Heiligen und übt seine Machtpolitik in allen Völkern und Nationen aus. Hier wird noch einmal betont, dass es sich um eine religiös-politische Macht handelt, die noch dazu sehr populär ist. Bereits in Daniel 8,25 erkennen wir, dass sich diese Macht in Rebellion gegen Gott auflehnte. Es ist wichtig, noch einmal die Parallele zwischen Offenbarung 13,5 – 15 und Daniel 8,11 – 13 herzustellen: Das Heiligtum, die Wohnung Gottes, wurde verwüstet und die Wahrheit mit Füßen getreten. Man kann keinen anderen Schluss ziehen, als dass nach Ablauf dieser Zeitkette die Zeit der Verfolgung und des Abfalls sowie der Gotteslästerung ihrem Ende zugeht.

Die berechtigte Frage ergibt sich nun: Wo in der Geschichte kann diese Macht des »kleinen Horns« aufgespürt werden? Die Antwort finden wir bereits in Daniel 2 und 7: Die hier beschriebenen vier aufeinanderfolgenden Reiche waren Babylon, Medo-Persien, Griechenland und das heidnische Rom, aus dem das päpstliche Rom hervorging. Diese Macht hat Jahrhunderte hindurch in Europa dominiert, Könige beherrscht und ihre Form autoritärer Religion den Völkern aufgezwungen, und das oft mit Feuer und Schwert. Die Machtperiode Roms ist als sogenanntes finsteres Mittelalter in die Geschichte eingegangen. Wir brauchen nur an die Inquisition zu denken, an das Schicksal Heinrichs des IV., an Johannes Hus, an die Reformation und die Gegenreformation sowie an die St.-Bartholomäus-Nacht im Jahr 1572, als 70.000 Hugenotten, die Blüte Frankreichs, innerhalb einer Nacht hingemordet wurden – und dies alles im Namen der Religion! Somit kann es dem aufmerksamen Beobachter und Kenner der Geschichte nicht entgehen, dass es sich bei der Macht des »kleinen Horns« um nichts anderes handeln kann als um das Papsttum. Doch dieser Macht wurde, der Prophetie zufolge, eine Frist gesetzt, eine Frist von 1260 Jahren. Im Jahre 1798 war diese Zeit erfüllt, als durch die Gefangennahme des Papstes in Rom durch den französischen General Berthier die päpstliche Macht gebrochen wurde. Es ist interessant zu wissen, dass 1260 Jahre vorher, also im Jahr 538 n. Chr., der oströmische Kaiser Justinian den Bischof von Rom als Oberhaupt der gesamten Christenheit einsetzte. Somit hat sich das Zeitelement der 1260 Jahre genau erfüllt. Durch siebenfache Erwähnung dieser Prophetie wollte Gott bekunden, wie wichtig die damit verbundenen Ereignisse sind, die jeweils nach ihrem Ablauf stattfinden sollten. Gleichzeitig weisen sie auf das Ende der längsten prophetischen Zeitspanne hin, der 2300 Jahr-Tage: auf das Jahr 1844.

Dass der Ablauf der prophetischen Zeitketten im Heilsplan Gottes von größter Bedeutung ist, wird außerdem dadurch erhärtet, dass Gott alles tat, die Menschheit darauf aufmerksam zu machen. Dazu bediente er sich einer besonderen Methode: Gott setzte Warnsignale, die das Ende der Trübsalszeit und den Beginn einer neuen Epoche ankündigten, in der Gottes wahre Gemeinde, die lange im Verborgenen, in der »Wüste«, gewesen war, hervortreten sollte, um eine letzte Botschaft an die Menschheit zu richten. Diese Warnsignale werden zum ersten Mal vom Propheten Joel erwähnt (Joel 3,4), vorerst nur skizzenhaft. Zum zweiten Mal werden sie von Jesus in Matthäus 24,29 genannt und hinzufügt, dass sich diese Voraussagen am Ende der Trübsalszeit ereignen werden. Das dritte Mal beschreibt Johannes in Offenbarung 6,12 – 14 diese Ereignisse, indem er sie chronologisch aufzählt. Tatsächlich haben sie sich bereits erfüllt: »Und ich sah: Als es das sechste Siegel auftat, da ward ein großes Erdbeben, und die Sonne ward finster wie ein schwarzer Sack, und der Mond ward wie Blut, und die Sterne des Himmels fielen auf die Erde, gleichwie ein Feigenbaum seine Feigen abwirft, wenn er von großem Wind bewegt wird.«

Wir wollen die geschichtliche Erfüllung dieser Ereignisse kurz beschreiben. Am 1. November 1755 wurde Lissabon von einem nie dagewesenen Erdbeben erschüttert, bei dem Tausende von Menschen den

Tod fanden. Bis heute ist dieses Geschehen in Europa und darüber hinaus niemals vergessen worden. Viele wurden wachgerüttelt und glaubten, das Ende der Welt sei gekommen. Sogar noch im Jahre 1988 bezog man sich darauf, als Lissabon von einem Großfeuer heimgesucht wurde, und kommentierte, dass dieses die größte Katastrophe seit jenem schweren Erdbeben im Jahre 1755 gewesen sei.

Als ich vor einigen Jahren Lissabon besuchte und eine Stadtrundfahrt unternahm, erwähnte der Reiseführer jenes Erdbeben siebenmal. Es ist sicher nicht ohne Bedeutung, dass das erste Warnsignal in der Alten Welt gegeben wurde, von der die christliche Botschaft einst ausging.

Doch dann stellen wir einen Wechsel in der Lokalität der Warnsignale fest: Sie wurden auf den amerikanischen Kontinent verlegt. Dort fand das zweite vorausgesagte Ereignis statt: der sogenannte »dunkle Tag« am 17. Mai 1780. Gegen 9.00 Uhr vormittags verdunkelte sich plötzlich die Sonne; es wurde Nacht. Die absolute Dunkelheit hielt den ganzen Tag über an. Für dieses Naturphänomen gab es keine Erklärung. In der darauffolgenden Nacht erschien der Mond wie eine blutrote Scheibe am Himmel genau wie es die Bibel vorausgesagt hatte. Jener Tag ist als der »dunkle Tag« in die Geschichte eingegangen. Das geschah nur kurze Zeit nach der Gründung der amerikanischen Nation im Jahre 1776.

Das dritte Warnsignal, auf das verwiesen wird, war der Sternenfall vom 13. November 1833. Dieser wurde ebenfalls in der westlichen Hemisphäre beobachtet. Augenzeugen berichten, dass die Sternschnuppen bei diesem Ereignis von einem zentralen Punkt aus in alle Richtungen schossen wie unreife Früchte von einem Baum, der heftig geschüttelt wird. Genau das hat die Bibel in Bezug auf den Sternenfall vorausgesagt. Nun erhebt sich die Frage: Warum wählte Gott für die beiden letztgenanntem Warnsignale den amerikanischen Kontinent? Zu dieser Frage wird später Stellung genommen.

Es kommt darauf an zu erkennen, dass sich am Ende der siebenmal erwähnten Zeitspanne etwas mit der gotteslästerlichen, menschenverfolgenden Macht ereignen musste, dass deren Macht brach. Gleichzeitig musste die Gemeinde Gottes – in der Wüste verborgen –

wieder in Erscheinung treten. Ebenso war es notwendig geworden, dass das Heiligtum Gottes im Himmel in den Blickpunkt der Gläubigen gebracht wurde. Gerade darauf liegt der Schwerpunkt der 2300-Jahr-Prophetie von Daniel 8,14. Und letztlich musste der Name Gottes als Schöpfer von Himmel und Erde gerechtfertigt werden. Was wirklich geschah und auf welche Weise, muss der Geschichte entnommen werden.

Aus dem bisher Vorgetragenen wird ersichtlich: Im biblisch-prophetischen Zahlensystem handelt es sich nicht um Fantasie, sondern um eine unmissverständliche Strategie Gottes. Sie weist auf Entwicklungen hin, die der gläubige Mensch nicht unbeachtet lassen wird – im Gegenteil: Sie gehört untrennbar zum biblischen Gedankengut und darf deshalb nicht in der Verkündigung fehlen. Jesus selbst wies darauf hin, wachsam zu sein und auf die Ereignisse zu achten, die prophetisch vorausgesagt sind (Markus 13,37). Wir leben in einer Zeit, in der man annimmt, dass »jeder nach seiner eigenen Fasson selig werden kann«. Doch das prophetische Wort warnt immer noch vor jeder nicht gottgewollten, populären Religiosität (Offenbarung 13,8).

Bedenken wir doch, wie kompakt die vorausgesagten Ereignisse sich innerhalb der kurzen Zeitspanne von nur 90 Jahren erfüllten; angefangen mit dem Erdbeben in Lissabon im Jahre 1755, gefolgt von dem »Dunklen Tag« im Jahre 1780 und vom Ende der 1260 Jahre im Jahre 1798. Nach einem weiteren halben Jahrhundert ereignete sich der berühmte Sternenfall von 1833. Dies alles wies auf das Ende der 2300 Jahre (1844) hin – Ereignisse, die Hunderte von Jahren zuvor vorausgesagt worden waren. Es ist nicht verwunderlich, dass in jener Zeit Menschen auf diese Geschehnisse aufmerksam wurden und sich darüber Gedanken machten, was das alles zu bedeuten habe. Sie kamen zu dem Schluss, dass es nichts anderes heißen konnte, als dass die Wiederkunft Jesu Christi nahe bevorstehe. Hieraus entwickelten sich weltweit Erweckungsbewegungen, wie die Milleriten, aus der die Adventbewegung hervorging. Sie ist auch als solche in die Geschichte eingegangen. Die Gläubigen waren sich der Zeichen der Zeit bewusst: »Jesus kommt wieder! Macht euch bereit, ihm zu begegnen!« Diese Botschaft wurde von Menschen aller Bevölkerungsschichten in viele Länder getragen: von Jesuiten (wie Lacunza in Chile), von bekehrten

Juden (wie Joseph Wolf in England), sogar von Kindern in Schweden, weil die Staatskirche dort damals die Verkündigung durch Erwachsene verbot. Alle, die die Botschaft vom Wiederkommen des Herrn verbreiteten, gründeten ihre Überzeugung auf das prophetische Wort.

Ganz besondere Aufmerksamkeit gilt der Adventbewegung in Amerika. An dieser Stelle soll nicht auf die religiöse Situation in Amerika am Anfang des 19. Jahrhunderts eingegangen werden. Doch so viel muss gesagt sein: Im Allgemeinen propagierten dort die Kirchen eine Zukunftshoffnung für die Verbesserung der Gegenwart. Man wollte die Welt verbessern und Menschen bewegen, nach christlichen Grundsätzen und Idealen zu leben, um so ein großes Friedensreich aufzurichten. Man sprach vom »Amerikanischen Traum«. und glaubte, dass damit biblische Voraussagen vom Gottesreich bereits erfüllt seien. Doch das war weder logisch noch biblisch begründbar. Die meisten Christen Amerikas unterstützten diese Idee, denn sie lebten im Land der »unbegrenzten Möglichkeiten« und empfanden es als Erfrüllung ihrer Träume. Es gab nur wenige Ausnahmen: zu ihnen gehörten die Mitglieder der Miller-Bewegung, auch Milleriten genannt.

Die Miller-Bewegung geht auf einen Mann in Amerika mit Namen William Miller zurück. Dieser erklärte, dass Jesus Christus in der Zeit zwischen dem 21. März 1843 und dem 21. März 1844 wiederkommen werde. Zu diesem Schluss kam er aufgrund seiner Berechnung, dass die 2300 Jahre aus Daniel 8,14 in diesem Zeitraum erfüllt sein würden. Dann würde die Reinigung oder Weihe des Heiligtums stattfinden. William Miller interpretierte diese Angabe als eine Reinigung der Erde durch Feuer am Ende der Tage (also zum Zeitpunkt des Wiederkommens Jesu). Leider erfüllten sich Millers Voraussagen nicht: Christus kam nicht in der vorausgesagten Zeit wieder.

Die Miller-Bewegung hatte in den 1840er Jahren etwa 100.000 Anhänger. Nach dem abgelaufenen Termin wandte sich die Mehrzahl seiner Anhänger von ihm ab, bis am 12. August 1844 eine entscheidende Lagerversammlung in Exeter, (New Hampshire) abgehalten wurde. Ein Mann mit dem Namen Snow kam zu Wort und wies darauf hin, dass die Reinigung des Heiligtums, von der in Daniel 8,14 die Rede ist, immer am Großen Versöhnungstag in Israel stattfinde und dass dieser Tag im Jahr 1844 auf den 22. Oktober falle. Aus diesem Grunde – so erklärte Snow – war Christus bisher nicht gekommen. Er würde am 22. Oktober erscheinen.

Snow predigte überzeugend. Die vielen Zuhörer lauschten gebannt. Sie gingen heim mit der festen Überzeugung, dass er recht habe, und waren bereit zu verkündigen: Christus kommt am 22. Oktober 1844 wieder! So entstand die in die Geschichte eingegangene Mitternachtsbewegung. Die Gläubigen gingen voller Überzeugung von Tür zu Tür und forderten die Menschen auf, sich auf das Kommen Jesu vorzubereiten. »Macht euch bereit, Jesus Christus kommt wieder, er kommt am 22. Oktober!«, lautete ihre Botschaft. Das geschah im September. Sie waren so überzeugt davon, dass sie ihr Land nicht mehr bestellten, die Ernte nicht mehr einbrachten, Geschäfte schlossen und Arbeitsplätze aufgaben. In den Schaufenstern sah man Schilder mit der Aufschrift: »Geschlossen! Jesus kommt wieder.« Es waren nicht wenige, die dieser Botschaft Glauben schenkten und danach handelten. Wie es dann weiterging, muss auch biblisch erklärt werden.

Die Zeit, die Gott selbst in der Bibel verankerte, war zweifellos abgelaufen. An dieser Stelle trifft das Wort aus Psalm 92,6 – 7 zu: »Herr, wie sind deine Werke so groß! Deine Gedanken sind sehr tief. Ein Törichter glaubt das nicht, und ein Narr begreift es nicht.«

3. Die große Enttäuschung – war sie zu vermeiden?

Alle diejenigen, die am 22. Oktober 1844 auf den wiederkommenden Herrn warteten, erlebten die größte Enttäuschung ihres Lebens. Zurückblickend stellt sich uns die Frage: War diese Enttäuschung vermeidbar? Sicherlich finden wir eine Parallele im Erleben der Urgemeinde, als die Jünger Jesu durch die Kreuzigung ihres Herrn und Meisters zutiefst enttäuscht waren. Jene zwei Jünger, die auf dem Weg nach Emmaus waren, drückten ihren Kummer so aus: »Wir aber hofften, er sei es, der Israel erlösen würde« (Lukas 24,21). Damit hatten sie zweifellos recht, nur verstanden sie nicht, dass erst der Tod Christi am Kreuz den Erlösungsplan ermöglichte. Christus hatte seinen Jüngern drei Jahre lang zu erklären versucht, dass er um der Sünde der Menschheit willen sterben müsse. Doch sie begriffen es noch nicht. Außer den mündlichen Erklärungen des Messias hätten sie es auch aus der Schrift erkennen können, da der Leidensweg Christi bereits im Alten Testament klar aufgezeigt ist.

Das Erleben der Anhänger der Miller-Bewegung war ähnlich. Menschliches Denken erweist sich oft als Wunschdenken, aber Gott denkt größer und weiter. Er lässt den aufrichtig Suchenden nicht im Unklaren, auch wenn es eine Zeitlang so scheint. So blieben jene Jünger der Urgemeinde nur drei Tage in Ungewissheit, dann erlebten sie die Offenbarung. Auch wir dürfen daran teilhaben: an der Auferstehung, die den Sieg über Tod und Sünde brachte und allen Menschen Hoffnung für ein Leben nach dem Tod schenkt.

Die Anhänger der Miller-Bewegung empfingen Trost von Gott in ihrer Enttäuschung. Die Gläubigen hatten an jenem 22. Oktober 1844 in kleinen Gruppen auf den Herrn gewartet, und zwar tagsüber und die ganze Nacht hindurch. Eine dieser Gruppen verbrachte die ganze Nacht im Gebet. Zwei Männer gingen am Morgen des 23. Oktober 1844 über ein Feld, um Freunde zu besuchen und sie zu ermutigen. Sie gingen hintereinander. Einer blieb ein wenig zurück. Als der andere es bemerkte, fragte er ihn nach dem Grund. Die Antwort lautete: »Der Herr hat mir gerade offenbart, warum wir enttäuscht wurden.« Dann erklärte der Freund, dass Christus statt auf die Erde zurückzukommen zu diesem Zeitpunkt seinen Dienst im Allerheiligsten des himmlischen Tempels begonnen habe (Maleachi 3,1). Dieses Geschehen entspricht dem Beispiel des Hohenpriesters im jüdischen Volk und seiner Amtshandlung am Großen Versöhnungstag, an dem diese Handlung durchgeführt wird, um die Sünden des Volkes eines Jahres zu tilgen.

Das war aber nicht alles. Es wurde Hiram Edson – so hieß jener Mann – außerdem enthüllt, dass die Erfahrung der Milleriten in Offenbarung 10 beschrieben sei. Warum sollten sie ihr Erlebnis, das sie so tief berührt hatte, einfach vergessen? Zeitgenossen versuchten, die Anhänger der Miller-Bewegung lächerlich zu machen, indem sie spotteten, sie hätten sich weiße »Himmelfahrtsgewänder« angefertigt und wären auf Hügel und Bäume geklettert, um dem Himmel näher zu sein. Auch zur Zeit Jesu kursierten nach der Auferstehung Lügen: Er sei nicht auferstanden. Man hätte seinen Leichnam gestohlen und Ähnliches.

Offenbarung 10 soll in diesem Zusammenhang genauer betrachtet werden. Das gesamte Buch der Offenbarung ist eine Voraussage zukünftiger Ereignisse, die dem Apostel Johannes anvertraut wurden, so wie es in Offenbarung 1,1 formuliert ist: »Dies ist die Offenbarung Jesu Christi, die ihm Gott gegeben hat, seinen Knechten zu zeigen, was in Kürze geschehen soll ...« So ist auch das Kapitel 10 eine geschichtliche Beschreibung von Ereignissen, die nach ihrer Erfüllung bestätigt werden können. Unerfüllte Prophetie bleibt spekulativ

Zu Beginn von Offenbarung 10 wird zunächst ein mächtiger Engel beschrieben, der mit einer »Wolke bekleidet« ist. Das Symbol der Wolke in der Bibel bezieht sich immer auf Christus: »Siehe, er kommt mit den Wolken ...« (Offenbarung 1,7); »eine Wolke nahm ihn auf vor ihren Augen weg« (Apostelgeschichte 1,9); »... und siehe, es kam einer mit den Wolken des Himmels wie eines Menschen Sohn ...« (Daniel 7,13). Dieser Engel, den wir eindeutig als Christus identifizieren, hatte einen Regenbogen über seinem Haupt – ein Symbol der Gnade Gottes, die Christus allen Menschen anbietet. Das Antlitz war wie die Sonne – ein Symbol göttlicher Gerechtigkeit und des Heils (Maleachi 3,20). Die Füße waren wie Feuersäulen – ein Symbol des Schutzes und gleichzeitig ein Hinweis auf die Feuersäule in der Wüste (4. Mose 14,14; Offenbarung 1,14). Offensichtlich ist, dass es sich hierbei um niemand anderen als Jesus Christus handelt. Er führt sein Volk wie schon damals aus Ägypten auch heute. Genauso führte er auch diejenigen, die am 22. Oktober 1844 vergeblich auf seine Wiederkunft warteten.

Für Hiram Edson und seine Gruppe bedeutete die göttliche Versicherung, dass der Herr mit ihnen war und sie weiter führte. Gott steht immer zu seinem Wort, und er führt seinen Plan zu Ende. Ist es nicht bezeichnend, dass Christus an dieser Stelle in Gestalt eines Engels erschien, um den Enttäuschten Mut und neue Hoffnung zu bringen und um ihnen zu erklären, was sie noch nicht verstanden hatten? In Offenbarung 10,2 wird gesagt, dass der Engel ein kleines geöffnetes Buch in der Hand hielt. Die gesamte Bibel ist eine Sammlung von Büchern, die unter dem Wirken Gottes geschrieben wurden. Christen bezeichnen die Bibel als das Wort Gottes. Beim Schreiben eines dieser Bücher gab Gott Anweisungen, es zu »versiegeln«, das heißt zu verschließen. Bis auf die letzte Zeit sollte es versiegelt bleiben (Daniel 12,4.9). Offensichtlich war nun die Zeit gekommen, es zu öffnen, es verständlich zu machen. Von besonderer Bedeutung ist dabei die gleichzeitige Entsiegelung des Zeitelementes von Daniel 8,14 und 26. Somit fällt das Öffnen des Buches mit einer Erklärung des unverstandenen Zeitelementes zusammen:

Die Reinigung oder Wiederherstellung des Heiligtums hatte William Miller als das Ende der Welt interpretiert. Darin irrte er. Christus war nicht gekommen. Jedoch erhielt Hiram Edson die Zusicherung, dass die Zeit tatsächlich abgelaufen war. Aber was bedeutete das Ereignis, was war mit der »Reinigung des Heiligtums« gemeint? Die Antwort auf diese Frage wird in Offenbarung 10,7 angedeutet: Das Geheimnis Gottes sollte vollendet werden. Wenn wir diese Aussage mit Daniel 8,14 verbinden, so wird uns klar, dass sich der gesamte Weissagungskomplex mit Gottes Erlösungsplan befasst. Die Verbindung zu Daniel 8,14 wird hergestellt durch die Worte: »... wie er verkündet hat seinen Knechten, den Propheten« (Offenbarung 10,7). Was also in Daniel 8,14 als Weihe oder Reinigung des Heiligtums bezeichnet ist, verweist auf einen bestimmten Vorgang im Himmel.

Das Stichwort »Geheimnis Gottes« aus Offenbarung 10,7 bedarf noch einer weiteren Erläuterung. Der Apostel Paulus greift diesen Begriff verschiedentlich auf und äußert sich über seine Bedeutung. In Epheser 3,3–6, weist er darauf hin, dass ihm das Geheimnis Gottes durch Offenbarung übermittelt worden sei. Es handelte sich um den Plan der Erlösung der Menschheit. Paulus spricht an der genannten Stelle davon, dass ihm eine neue Sicht auf das Geheimnis Gottes gegeben wurde – nämlich, dass auch die Heiden in den Erlösungsplan einbezogen sind. Das war für die Gläubigen damals ein ungewohnter Gedanke. Es war ihnen neu, dass es nicht die Absicht Gottes war, nur das Volk der Juden allein zu retten, sondern auch die Heiden. Die beste Zusammenfassung davon, was Paulus unter dem Begriff »Geheimnis Gottes« verstand, ist in 1. Timotheus 3,16 zu finden: »Und groß ist, wie jedermann bekennen muss, das Geheimnis des Glaubens: Er ist offenbart im Fleisch, gerechtfertigt im Geist, erschienen den Engeln, gepredigt den Heiden, geglaubt in der Welt, aufgenommen in die Herrlichkeit.« Hier wird die Entwicklung im Heilsplan Gottes aufgezeigt, die bis zur Himmelfahrt Jesu reicht und einschließt, was Gott Paulus offenbarte: das Evangelium für die Heiden! Die Aufzählung der einzelnen Phasen des Erlösungsplanes durch Paulus schließt eine spätere Entwicklung oder einen späteren Abschluss dieses Planes nicht aus. Offenbarung 10,7 gibt die Vollendung des Geheimnisses Gottes bekannt. Dies weist auf eine zusätzliche, bisher unbekannte Entwicklung hin, die den Plan Gottes zur Vollendung bringen soll, die aber Paulus noch nicht kannte oder zumindest in seinen Briefen nicht erwähnt.

Die Bedeutung dieses Ereignisses aber oder diese Entwicklung ist so wichtig, dass Jesus Christus selbst als ein mächtiger Engel erscheint

(Offenbarung 10,7), um zu verkündigen: Das Geheimnis Gottes hat sich erfüllt und die Weltgeschichte nähert sich seinem Ende. Es wird hier bestätigt, dass Christus nicht nur der Anfang, sondern auch der Vollender des Glaubens ist. Seine Botschaft ist klar: Mein Plan, für den ich Mensch wurde und den Tod erlitt, wird jetzt vollendet. Für Johannes, den Schreiber der Offenbarung, bedeutete das zweifellos nichts anderes als den Hinweis auf das Wiederkommen des Herrn. Als Johannes diesen gewaltigen Engel vom Himmel kommen sah, wird er sich gewiss an die Worte erinnert haben, die die Engel zu den zurückbleibenden Jüngern sagten: »Dieser Jesus, welcher von euch ist aufgenommen gen Himmel, wird so kommen, wie ihr ihn habt gen Himmel fahren sehen« (Apostelgeschichte 1,11).

Und nun stand dieser Jesus vor ihm als ein mit der Wolke bekleideter Engel, mit einem Regenbogen über seinem Haupt, sein Gesicht leuchtend wie die Sonne und die Füße wie Feuersäulen. Eine wunderbare Beschreibung des verherrlichten Jesus, des Sohnes Gottes!

Es ist wichtig zu erkennen, dass der Erlösungsplan demnach nicht am Kreuz beendet war, auch nicht bei der Auferstehung Jesu oder bei der Himmelfahrt, sondern erst nach dem Ablauf der biblischen Prophetie. Hier war etwas Endgültiges geschehen. Deshalb wurde auch der feierliche Schwur ausgesprochen: »... dass fortan keine Zeit mehr sein soll« (Offenbarung 10,6), was bedeutet: keine prophetische Zeit mehr. Jedoch ist immer noch Gnadenzeit, Zeit, sich auf das Kommen Jesu vorzubereiten, denn sein Kommen steht vor der Tür. Es wird sich nicht mehr lange verzögern.

Die Frage, die noch offen bleibt, ist folgende: Was war vollendet, und wie äußerte sich das? Teilweise wurde diese Frage bereits durch den Hinweis auf Daniel 8,14 beantwortet. Doch das Bild wird klarer, wenn Offenbarung 10,7 mit Offenbarung 11,15 verglichen wird. Hier handelt es sich nicht um die Wiederkunft Christi. Es wird gezeigt, dass Gott Christus das Universum übergibt und ihn als Herrscher und König einsetzt. Es geht um eine Machtübertragung, die bereits in Daniel 7,13 und 14 beschrieben wurde. Darauf soll später Bezug genommen werden.

Zuvor noch eine Bemerkung zu Offenbarung 10. Die Verse 8−10 beschreiben das »Verschlingen des Büchleins«. Dies bedeutet nichts anderes als eine sehr drastische Schilderung der Erfahrung, die die Anhänger der Miller-Bewegung erlebten. Kann es etwas Erhebenderes für einen gläubigen Christen geben als die Gewissheit, dass der Herr wiederkommt? Für die Wartenden damals war die Wiederkunft in greifbare Nähe gerückt. Doch dann kam die bittere Enttäuschung, obendrein der beißende Spott ungläubiger Zeitgenossen. Die Erfahrung der Milleriten konnte nicht genauer als in Offenbarung 10 beschrieben werden.

Zweifellos hatten sich die Anhänger William Millers geirrt. Doch Offenbarung 10 bezeugt ihnen, dass sie sich dennoch zu Gottes Volk zählen durften. Gott verwarf sie ihres Irrtums wegen nicht – im Gegenteil: Weil sie Gottes Volk waren, erwies sich Jesus als ein mächtiger Engel, um sie zu stärken, zu ermutigen und aufzuklären. Außerdem wurden sie nicht nur über ihre Fehler informiert, sondern auch angewiesen, sich noch einmal an die Welt mit einer neuen Botschaft zu wenden, was aus Offenbarung 10,11 hervorgeht. Ihnen wurde aufgetragen, diese neue Botschaft in der ganzen Welt zu verkündigen. Es liegt nahe, dass es sich hier um denselben Auftrag handelt, wie er in Matthäus 24,14 sowie in Offenbarung 14,6−12 geschrieben steht. Hier wird der Vorhang beiseite gezogen und eine neue Perspektive, eine weitere Entwicklung aufgezeigt: Der Erlösungsplan geht seiner Erfüllung entgegen. Christus kommt bald wieder, die prophetische Zeit ist abgelaufen – was übrig bleibt ist Gnadenzeit. Noch einmal werden die Menschen Gottes Gnadenbotschaft hören, noch einmal wird ihnen die Gelegenheit gegeben, sich für Gott zu entscheiden. Das Evangelium wird allen Menschen und Nationen verkündigt werden. Christus, der mächtige Engel aus Offenbarung 10, befiehlt seinen Nachfolgern: Seid nicht zufrieden mit eurem eigenen Heil, sondern teilt es allen Menschen mit. Denn wenn ich wiederkomme, ist es zu spät. Dann kann das Schicksal des Einzelnen nicht mehr verändert werden.

Es waren alle Voraussetzungen zu einer nochmaligen weltweiten Mission gegeben, und Jesus lässt alle diejenigen an dieser Aufgabe teilnehmen, die ihn als Herrn und Erlöser anerkennen.

Die Frage, ob jene große Enttäuschung hätte vermieden werden können, muss mit einem klaren Nein beantwortet werden, denn sie war auch Bestandteil des Planes Gottes. Er lässt niemanden im Irrtum zurück. Wer sich seiner Hilflosigkeit bewusst ist und bei Gott bleibt, den umfängt er mit seiner Liebe und führt ihn trotz enttäuschender Erfahrungen zu seiner Bestimmung.

4. Anfang einer neuen Mission

Im Kapitel 3 betrachteten wir die biblisch-prophetische Erklärung der großen Enttäuschung der Miller-Bewegung, der im Neuen Testament ein ganzes Kapitel gewidmet ist: Offenbarung 10. Kurz zusammengefasst: Ein gewaltiger Engel, in dem wir Jesus erkennen, mit einer Wolke bekleidet, mit einem Regenbogen über seinem Haupt, sein Gesicht wie die leuchtende Sonne, erscheint, um feierlich das Ende der prophetischen Zeit zu verkündigen. Dieser Engel hat ein offenes Büchlein in seiner Hand, das anscheinend die Botschaft der letzten Zeit enthält und das bislang versiegelt, jetzt aber geöffnet ist.

Bei diesem Büchlein scheint es sich um das Buch Daniel zu handeln, denn in Daniel 8,14 finden wir die Zeitspanne der 2300 Jahre benannt, die nun sichtlich abgelaufen ist. Die darin vorausgesagte Reinigung (oder Wiederherstellung) des Heiligtums muss erfolgen. Der Engel in der Vision in Offenbarung 10 weist ferner auf die Erklärung des Geheimnisses Gottes, die Vollendung des Erlösungsplanes hin. Neben den Amtshandlungen im Allerheiligsten, wie sie am Großen Versöhnungstage stattfanden, findet die Übertragung aller Autorität und Macht über die Welt auf Jesus Christus statt. Der Engel übergibt das Büchlein an Johannes und fordert ihn auf, es zu »verschlingen«. Dabei erklärt er, dass es »süß im Munde« sei, aber »im Bauche grimmt«. Hier haben wir eine eindrucksvolle Beschreibung der Erfahrung sowohl der Freude als auch der Enttäuschung derer, die am 22. Oktober 1844 ihren Herrn erwarteten. Dieser Gruppe wird bestätigt, dass Gott sie führt. Zwar wurde ihr sehnlichster Wunsch, die Wiederkunft Jesu zu damaliger Zeit, nicht erfüllt, aber durch die Botschaft des

Engels in Offenbarung 10 empfangen sie eine Glaubensstärkung. Sie werden befähigt, einen neuen Auftrag anzunehmen: noch einmal eine Botschaft der Welt zu verkündigen.

Wir erinnern uns daran, wie eng die Zeitspanne im Buch Daniel mit den Abschnitten im Buch der Offenbarung verbunden ist. Sie weisen auf die zerstörerische, antigöttliche Macht hin, die lange Jahre ihr Unwesen treiben konnte. Gemäß Offenbarung 10,11 ist dies Gottes Antwort auf die Arroganz der antigöttlichen Macht, die den Namen Gottes lästerte, die Wahrheit für nichts achtete, das Heiligtum mit Füßen trat, Gottes Gemeinde vorfolgte und das Zeugnis des Wortes Gottes behinderte. Dieser Auftrag beinhaltet ebenfalls Gottes Urteil über jene Menschen, die allein den Fortschritt und die Verbesserung dieser Welt im Hier und Jetzt auf ihre Fahnen geschrieben haben und der vor der Tür stehenden Wiederkunft des Herrn wenig oder gar keine Bedeutung schenken. Vielleicht erlaubte der Herr die irrtümliche Interpretation von Daniel 8,14 aus dem Grunde, die Christenheit wachzurütteln.

Der neue Missionsauftrag der Gemeinde nahm offensichtlich ihren Anfang, als die prophetische Zeit abgelaufen war oder als beendet erklärt wurde. Christus gab den Menschen noch einmal eine Gelegenheit, sie mit der Wahrheit bekannt zu machen, damit sie sich entweder für oder gegen ihn entscheiden können. Somit geht es im neuen Missionsauftrag um eine Verkündigung der biblisch-göttlichen Wahrheit, die durch die Jahre der antigöttlichen Machtentfaltung hindurch unterdrückt wurde.

Für diesen Auftrag leistete Isaac Newton, der nicht nur Wissenschaftler, sondern auch namhafter Theologe war und sich mit der prophetischen Zeitrechnung der 2300 Jahr-Tage ernsthaft befasst hatte, einen wertvollen Beitrag. Er verfasste betreffs der 2300 Jahre, von denen er glaubte, dass sie im Jahre 1847 zu Ende gingen, folgenden Kommentar:

»Wie die Prophezeiungen, die das erste Kommen Christi ankündigten und die christliche Religion begründeten, die jedoch inzwischen verfälscht worden ist, so sind auch die vielen klaren Prophezeiungen von Ereignissen, die vor dem zweiten Kommen Jesu geschehen müssen, nicht zu dem Zweck gegeben worden, nur Ereignisse vorauszusagen, sondern Wahrheiten wiederzuentdecken und wiederherzustellen, die lange verloren oder in Vergessenheit geraten sind, damit ein Reich aufgerichtet werden kann, in dem Gerechtigkeit wohnt« (Francis D. Nichol: Midnight Cry, 591).

Es ging im neuen Missionsauftrag erstmals um die Wiederherstellung und Wiederentdeckung von Wahrheiten – ganz besonders aber um ein rechtes Verständnis des Heiligtums.

Diesen Auftrag auszuführen war nun aber durchaus kein leichtes Unterfangen, vor allem deshalb nicht, weil die Mehrzahl der Milleriten meinte, dass sie sich zwar in der Berechnung der Zeit geirrt hätten, jedoch nicht in der Interpretation des zu erwartenden Ereignisses. Doch die Bibel besagt genau das Gegenteil und bekräftigt es mit einem feierlichen Schwur. Die Zahl derer, die diese Botschaft annahm, war zuerst sehr gering, aber sie stützten sich auf die Bibel, um ihren Glauben zu festigen.

Es liegt nahe, dass sie erst einmal ein genaues Verständnis von der Bedeutung des himmlischen Heiligtums erhalten mussten, denn ihre Enttäuschung lag im Missverständnis eben dieses Heiligtums begründet. Wir sollten ebenfalls versuchen, ein rechtes Verständnis des Heiligtums zu erlangen. Die Bibel lässt uns nicht im Unklaren darüber. Bereits in Offenbarung 11,1 wird der Schlüssel dafür angeboten: Ein Messstab (Kanon = Bibel) wird in die Hand des Propheten gelegt, womit er den Tempel oder das Heiligtum messen soll. Was bedeutet das? Doch wohl kaum etwas anderes, als ein umfassendes Verständnis des Heiligtums zu gewinnen, über dessen Bedeutung die Miller-Bewegung gestolpert war. Wie wird nun der Tempel, das Heiligtum, gemessen? Dazu müssen alle Aussagen der Bibel über diese Einrichtung geprüft werden. Zuerst einmal gilt es zu erkennen, wozu das Heiligtum dient. Das ist aus 2. Mose 25,8 ersichtlich. Gott will unter seinem Volk wohnen. Das Heiligtum stellt also die durch die Sünde unterbrochene Verbindung zwischen Gott und Mensch wieder her. Im Heiligtum gibt es einen Zwei-Phasen-Dienst. Diese Tatsache war bis 1844 kaum beachtet worden. Doch nun war der Anstoß dazu gegeben, die Aufmerksamkeit nicht ausschließlich auf den Dienst im Heiligen zu richten, sondern ebenfalls auf die zweite Phase, auf den Dienst im Allerheiligsten. Dieser Hinweis steht in Daniel 8,14; ein weiterer in Offenbarung 11,19. Dort erscheint das geöffnete Allerheiligste in der Vision des Johannes mit besonderem Hinweis auf die Bundeslade mit den Gesetzestafeln. Dieser Text darf auf keinen Fall beim »Messen« des Heiligtums übersehen werden.

Nur wenn man alle Texte, die über das Heiligtum etwas auszusagen haben, untersucht, erhält man ein vollständiges Bild davon, was es damit auf sich hat. Letztlich geht es um den richtigen Einblick in den Dienst Jesu im Allerheiligsten, den Christus vor seiner Rückkehr zur Erde tun muss.

Noch ein Zweites ist zu messen: der Altar (Offenbarung 11,1). Warum? Ganz sicher, um ein neues Verständnis des Versöhnungsopfers Christi zu erlangen, und zwar in Verbindung mit seinem Dienst im Allerheiligsten am Großen Versöhnungstag, dem Tage, an dem das Heiligtum gereinigt wurde.

Gleichzeitig ist zu bedenken, dass der Altar ein Symbol für wahren oder falschen Gottesdienst ist. Die Erkenntnis über die Bedeutung des Altars entspricht dem Verständnis, wie die Erlösung des Menschen vor sich geht. An dieser Stelle wollen wir uns daran erinnern, welche Rolle der Altar im Alten Testament spielte, zum Beispiel bei Kain und Abel (1. Mose 4,3 – 5) oder bei Noah (1. Mose 8,20.21). Dann vor allem bei Abraham (1. Mose 22). Es ist offensichtlich, dass Abrahams Erfahrung bei der Opferung seines Sohnes Isaak zum Symbol des Versöhnungsopfers Christi wurde. Was Abraham erspart blieb (die Hingabe seines Sohnes), musste Gott erleiden. Schließlich sei auf den Altar hingewiesen, den der Prophet Elia auf dem Berge Karmel baute (1. Könige 18,30 ff.). Dieses Beispiel ist eine klare Aufforderung zur Anbetung des wahren Gottes, deren Notwendigkeit kurz vor dem zweiten Kommen Christi den Menschen nochmals ins Gedächtnis gerufen werden soll (Maleachi 3,23.24).

Das »Messen« schließt noch einen dritten Bereich ein: die Menschen, die im Tempel Gottes anbeten (Offenbarung 11,1). Wiederum ergibt sich die Frage: Wie können anbetende Menschen »gemessen« werden? Es liegt auf der Hand, dass Gott großen Wert darauf legt, wie man ihn anbetet. Das Messen (oder Prüfen) derer, die im Tempel Gott anbeten, ist offensichtlich ein gerichtlicher Akt. Es gelten die Maßstäbe Gottes. Zu dieser Sicht finden sich wesentliche Hinweise in der Bibel, zum Beispiel in Matthäus 7,21: »Es werden nicht alle, die Herr, Herr! zu mir sagen, ins Himmelreich kommen, sondern die den Willen tun meines Vaters im Himmel.« Folgender Bibeltext ist noch deutlicher: »Vergeblich dienen sie mir, weil sie lehren solche Lehren, die nichts als Menschengebote sind« (Matthäus 15,9). Das bedeutet, dass zur Anbetung keine menschlichen Gebote gelten. In ähnlicher Weise zeigte Jesus der Samariterin am Jakobsbrunnen, dass wahre Gottesanbetung in der Annahme der Wahrheit wurzelt: »Gott ist Geist, und die ihn anbeten, müssen ihn im Geist und in der Wahrheit anbeten« (Johannes 4,24). Aus diesem Grunde ist es elementar, die Wahrheit zu kennen. Die Offenbarung gibt uns noch einen besonderen Hinweis in Bezug auf die rechte Anbetung Gottes am Ende der Tage: »Und betet den an, der gemacht hat Himmel und Erde und Meer und die Wasserbrunnen!« (Offenbarung 14,7) – ein deutlicher Hinweis auf die Gültigkeit des 4. Gebotes. Wie schon in Offenbarung 10 wird hier auf den Schöpfergott hingewiesen mit der Aufforderung, *ihn* als Schöpfer anzubeten. Der Wortlaut trägt auch hier wieder den Namenszug des 4. Gebotes, das zur Anbetung und Verehrung des Schöpfers gegeben war und als unabänderlicher Bestandteil der Zehn Gebote angesehen werden muss. Die antigöttliche Macht hatte sich erdreistet, gerade dieses Gebot zu verändern, indem ein anderer Tag anstelle des Sabbats zur Anbetung Gottes eingesetzt wurde.

Aus all dem wird ersichtlich, dass der neue Missionsauftrag etwas ganz Wichtiges lehren musste: über das Heiligtum, den Altar und die wahre Gottesanbetung – Lehren, die alle im Wort Gottes begründet sind. Es wird ausdrücklich betont und nachgewiesen, dass Gottes Gebote volle Gültigkeit haben. Dazu gehört auch der göttliche Ruhetag, der Sabbat, der in dreifacher Weise in folgenden Texten angedeutet ist: in Offenbarung 10,6; 11,19 und 14,6.7.

Doch zuvor war es notwendig, die volle Wahrheit wiederzuentdecken, die in Offenbarung 14,6 als »ewiges Evangelium«, als unabänderliches Evangelium bezeichnet wird.

Nun finden wir in der Offenbarung vier weitere Kapitel, die sich an das 10. Kapitel anschließen und in denen die Grundwahrheiten erwähnt werden. Diese sind von besonderer Bedeutung für die Gemeinde, die aus der Miller-Bewegung hervorgegangen ist und die aus diesen Kapiteln ihren Auftrag erhält. Nachfolgend nehmen wir Einblick in diese Kapitel:

Offenbarung 10 beschreibt die Miller-Bewegung und verkündet die Vollendung des Erlösungsplans.

Offenbarung 11 fordert zur Erforschung des Heiligtums auf und gibt Klarheit darüber, wie Gott angebetet werden soll. Außerdem wird die Aufmerksamkeit auf das Allerheiligste gerichtet und die Vollendung des Heilsplanes Gottes angedeutet.

Offenbarung 12 schildert den Kampf des Volkes Gottes durch die Geschichte hindurch und identifiziert die letzte Gemeinde: »... die da Gottes Gebote halten und haben das Zeugnis Jesu« (Vers 17), »... das Zeugnis Jesu aber ist der Geist der Weissagung« (Offenbarung 19,10). Was das bedeutet, wird im nächsten Kapitel näher erläutert.

Offenbarung 13 beschreibt noch einmal die antigöttliche Macht im Geschichtsverlauf in Gestalt zweier Tiere, die die wahre Gemeinde herausfordern, indem Menschen zu falscher Anbetung gezwungen werden.

Offenbarung 14 enthält Gottes letzte Warnung an die Welt. Die Menschheit wird aufgefordert, Gott so anzubeten, wie er es den Menschen geboten hat. Hier wird auch auf die Konsequenzen hingewiesen für diejenigen, die diesem Auftrag nicht Folge leisten. Abschließend finden wir in diesem Kapitel die Beschreibung der glorreichen Wiederkunft Jesu.

Um es nochmals zu unterstreichen: Das Wesen des neuen Sendungsauftrages besteht in der Verkündigung der wiederentdeckten Wahrheiten, die in ihren Kernpunkten in den Kapiteln 10 bis 14 aufgezeichnet sind:

1. Das zweite Kommen Christi (Offenbarung 14,14)
2. Der Erlösungsplan – Lehre vom Heiligtum (Offenbarung 11,1.19; Offenbarung 14,15; Offenbarung 17,18)

3. Der Zustand der Toten (Offenbarung 14,13)
4. Der Geist der Weissagung (Offenbarung 12,17; 19,10)
5. Das Gesetz Gottes (Offenbarung 11,19; 14,7)
6. Der Sabbat (Offenbarung 10,6; 14,7)
7. Die Dreifache Engelsbotschaft (Offenbarung 14,6 – 12)
8. Die Gemeinde der Übrigen (Offenbarung 12,17)
9. Das Malzeichen des Tieres (Offenbarung 13,15.17 sowie 14,9 – 11)
10. Das Gericht (Offenbarung 11,1.18; 14,6.7)

Die Aufgabe der Adventgemeinde, die aus der Miller-Bewegung hervorgegangen ist, wurde klar und unmissverständlich von Jesus selbst aufgezeichnet. Wir erkennen immer mehr die Bedeutung, warum Jesus Christus am Beginn des 10. Kapitels als mächtiger Engel auftrat, ja auftreten musste.

Nun ist mit dem Abschluss der 2300 Jahr-Tage (Daniel 8,14) die Zeit abgelaufen, und der Plan Gottes geht seinem Ende entgegen. Es bietet sich die letzte Gelegenheit für Menschen, sich Jesus zu übergeben – in der Zeit, in der er noch im Allerheiligsten des himmlischen Heiligtums als Hoherpriester amtiert – jedoch nicht mehr lange! Diese letzte Phase seines Dienstes ist bald abgeschlossen. Alle, die ihn bereits anbeten, sollen prüfen, ob ihre Anbetung in gottgewollter Weise geschieht. Wir sollten niemals vergessen, dass Offenbarung 14 ein Bild Jesu noch einmal aufzeigt – das Bild des wiederkehrenden Herrn (Offenbarung 14,14 – 16). Darin lesen wir, dass er in großer Kraft und Herrlichkeit wiederkommen wird, um die Ernte der Welt einzubringen und sein geliebtes Volk heimzuholen. In diesen Kapiteln sind ernste Mahnungen enthalten für alle diejenigen, die Jesus nachfolgen. Sie sollen ihm treu bleiben bis ans Ende, damit sie ihm einstmals als ihrem Erlöser begegnen können und er sie nicht als ihr Richter verurteilen muss (Offenbarung 14,17–20). Das zu verkündigen ist der große Missionsauftrag der Adventgemeinde.

5. Propheten – wo blieben sie?

Im Kapitel 4 betrachteten wir die neue Aufgabe der Adventgemeinde, der Gemeinde, die aus der Enttäuschung der Milleriten von 1844 hervorgegangen ist. Die Gemeinde musste die biblische Wahrheit erst wieder entdecken. Außerdem ging es um das rechte Verständnis des Heiligtums. Nur die Bibel konnte Antwort geben. Die Gläubigen wurden angewiesen, den Tempel Gottes mit dem Messstab zu messen, ebenso den Altar – Symbol des Blutes Christi einerseits und wahrer Anbetung andererseits. Außerdem sollten die Gläubigen im Tempel gemessen werden (Offenbarung 11,1). Diese prophetische Schau führte zu der Erkenntnis, dass es durchaus nicht unbedeutend ist, wie Gott angebetet wird: nämlich schriftgemäß. Nur dann wird sich Gott zu dem, der ihn anbetet, bekennen. Ein Hinweis zur Anbetung Gottes wurde besonders betont: Gott will als Schöpfer des Himmels und der Erde anerkannt werden, und das ist nur möglich durch das Halten des göttlichen Ruhetages, des Sabbats, den Gott als Mahnmal der Schöpfung eingesetzt hat (2. Mose 20,8 – 11) und der gleichzeitig als Bundeszeichen zwischen Gott und seinem Volk dient (Hesekiel 20,12).

Schon Anfang 1845 wurde der Sabbat »wiederentdeckt«, und zwar hauptsächlich von Joseph Bates, einem im Ruhestand lebenden Kapitän. Der war mit einigen Siebenten-Tags-Baptisten zusammengekommen und lernte von ihnen, dass der siebente Tag der Woche, der Sabbat, als Gottes Ruhetag immer noch seine Gültigkeit hat. Bates machte es sich zur Aufgabe, die Bedeutung des Sabbats zu verkündigen. Er setzte sein ganzes Vermögen ein, um verschiedene Schriften zu verfassen und zu verbreiten, die die Aufmerksamkeit jener enttäuschten Anhänger der Miller-Bewegung auf die Wichtigkeit des biblischen Sabbats lenken sollten. Andere akzeptierten den Sabbat durch die Verkündigung von Thomas M. Preble, einem Prediger der Miller-Bewegung. Oswald und Marion Stowel, nur 14 beziehungsweise 15 Jahre alt, gehörten dazu. Diese beiden hatten einen Artikel von Thomas Preble gelesen und gaben ihn an ihren 17-jährigen Freund John Nevins Andrews weiter. Sie entschlossen sich von da an, den Sabbat zu halten. Diese jungen Leute nahmen Verbindung zur Gruppe um Hiram Edson auf, und auch sie entschieden sich für den göttlichen Ruhetag.

Blicken wir noch einmal zurück auf das Ende des Jahres 1844. Nach dem Prinzip in Amos 3,7: »Der Herr tut nichts, er offenbare denn seinen Ratschluss den Propheten, seinen Knechten« drängt sich zwangsläufig die Frage auf, ob Gottes letzte Gemeinde als eines ihrer Kennzeichen auch die prophetische Gabe habe (Offenbarung 12,17; 19,10). Wenn nun die Ereignisse so bedeutend waren, wie sie beschrieben wurden, so musste irgendwo eine prophetische Bestätigung zu finden sein, mit der sich Gott zu seinem Volke bekannte. Diese Bestätigung gab es in der Tat. Jedoch – wenn man sich in den Bereich prophetischer Manifestationen begibt, kann man leicht irregeleitet werden, weil so viele Scharlatane vorgeben, Propheten zu sein und dadurch echte prophetische Stimmen in Misskredit bringen. Für den Bibelgläubigen ist es aber möglich, wahre Propheten von falschen zu unterscheiden; denn Gott hat in der Heiligen Schrift Hinweise gegeben, wie man Propheten prüfen kann. Die wichtigsten sind folgende:

- Leben und Lehre der Propheten müssen übereinstimmen (Matthäus 7,16).
- Ihre Aussagen müssen von Gottes Wort bestätigt werden (Jesaja 8,20).
- Sie müssen Jesus Christus als den Mensch gewordenen Sohn Gottes anerkennen (1. Johannes 4,1–3).
- Ihre Voraussagen müssen sich erfüllen (Jeremia 28,9).

Außerdem wird ein wahrer Prophet stets von Gott selber berufen und nicht von Menschen oder aus sich selbst heraus.

Wir fragen noch einmal: Propheten – wo blieben sie? Und da zeigt sich, dass bereits im Jahre 1842 Gott einem jungen Prediger, William Foy, zum Prophetenamt berufen hatte. Dieser war aber über seine Berufung gar nicht erfreut. Nach anfänglichem Zögern verkündete er, was Gott ihm in einer Vision aufgetragen hatte. Doch dann wurde er entmutigt. Er erklärte, für seine Familie sorgen zu müssen, und gab seine öffentliche Verkündigung auf. Daraufhin berief Gott einen zweiten Mann mit Namen Hazen Foss. Der war gleich zu Anfang unwillig, Gottes Sprachrohr zu sein. Ihm wurde zu verstehen gegeben, dass die Verantwortung wieder von ihm genommen würde, wenn er sich weiterhin weigerte, sie zu übernehmen. Nach der großen Enttäuschung von 1844 hatte Hazen Foss noch einmal eine Vision, lehnte es aber wieder ab, diese zu verkündigen. Mit der Andeutung, dass die Aufgabe gänzlich von ihm genommen und dem allerschwächsten Werkzeug übertragen werde, bemühte sich der aufgeschreckte Foss, zu verkündigen, was ihm aufgetragen war. Doch als er vor der Gemeinde stand, konnte er sich an nichts mehr erinnern, was er in jener Vision gesehen und gehört hatte. Verzweifelt lief er aus der Versammlung hinaus.

Nachdem diese beiden Männer es nicht geschafft hatten, Gottes Sprachrohr zu sein, berief Gott im Dezember 1844 ein 17 Jahre altes Mädchen. Ellen Harmon war kränklich und hatte aus diesem Grunde nur geringe Schulbildung. Sie war eine von fünf Frauen und Mädchen, die an einem Dezembertag ernstlich um Verständnis der großen Enttäuschung beteten. Bei dieser Gelegenheit empfing Ellen Harmon ihre erste Vision. In dieser Vision sah sie die Gläubigen, die auf ihren Herrn gewartet hatten, auf einem Pfad hoch über der Erde dem neuen Jerusalem zupilgern. Hinter ihnen schien ein helles Licht, das den Pfad beleuchtete. Ellen wurde gesagt, dass dieses Licht der »Mitternachtsruf« sei. Solange die Pilger in diesem Lichte wandelten, würden sie die Stadt erreichen. Alle aber, die das Licht verleugneten, also den Ablauf der prophetischen Zeit, würden vom Pfad in die dunkle Welt unter ihnen abstürzen.

Es ist auffallend, dass die übermittelte Botschaft genau dem biblischen Muster und der Erklärung von Offenbarung 10 entspricht, dass die vorhergesagte Zeit abgelaufen war. Es handelt sich in der Vision um eine göttliche Bestätigung, dass die prophetische Zeit tatsächlich zu ihrem Ende gekommen war. Dies bedeutete eine außerordentliche Glaubensstärkung für die enttäuschten Gläubigen. In einer zweiten Vision wurde Ellen Harmon aufgefordert, anderen mitzuteilen, was ihr gezeigt worden war. Nach anfänglichem Zögern war sie willig, den göttlichen Auftrag anzunehmen. Von besonderer Bedeutung ist eine im Februar 1845 gegebene Vision, in der sie sah, wie sich Gott-Vater von seinem Thron erhob und sich mit einem feurigen Wagen ins Allerheiligste begab hinter den Vorhang und sich setzte. Daraufhin sah sie einen wolkenverhüllten Wagen mit Rädern wie Feuerflammen, umgeben von Engeln, den Jesus bestieg und mit dem er ebenfalls ins Allerheiligste gelangte, wo der Vater Platz genommen hatte. Dort stand er als großer Hohenpriester vor dem Vater. – Hierbei handelt es sich um die Erfüllung von Offenbarung 10,7 und 11,15. Auch Daniel schrieb bereits davon: »Ich sah, wie Throne aufgestellt wurden, und einer, der uralt war, setzte sich ... Das Gericht wurde gehalten, und die Bücher wurden aufgetan ... Ich sah in diesem Gesicht in der Nacht, und siehe, es kam einer mit den Wolken des Himmels wie eines Menschen Sohn und gelangte zu dem, der uralt war, und wurde vor ihn gebracht. Der gab ihm Macht, Ehre und Reich, dass ihm alle Völker und Leute aus so vielen verschiedenen Sprachen dienen sollten. Seine Macht ist ewig und vergeht nicht, und sein Reich hat kein Ende« (Daniel 7,9; 10; 13; 14). Der Zusammenhang zwischen den angeführten Bibeltexten und der oben beschriebenen Vision ist offensichtlich.

Während die erste Vision den Ablauf der Zeit bestätigte, unterstrich die letztere die Vorgänge im himmlischen Allerheiligsten, die der Lehre vom Heiligtum zugrundeliegen, die nach der großen Enttäuschung erkannt wurde. Es ist nachgewiesen, dass zur Zeit dieser Vision Ellen Harmon noch keine Verbindung zu Hiram Edson und seiner Gruppe hatte.

Es fasziniert, dass Gott ein so einfaches, unscheinbares Werkzeug wie Ellen Harmon als sein Sprachrohr in das prophetische Amt berief. Daher ist auch die Reaktion einiger Gläubiger zu verstehen, die diesen Manifestationen sehr skeptisch gegenüberstanden. Manche Ältere versuchten, der jungen Ellen einzureden, sie hätte sich das alles nur eingebildet und wäre das Opfer einer Selbsthypnose. Diese Kritik belastete Ellen Harmon sehr, sodass sie sich bei der nächsten Vision sträubte, die Botschaft anzunehmen. Daraufhin versagte ihre Stimme für einen ganzen Tag. Auch wurde sie davor gewarnt, sich ablehnend zu verhalten, und in einer weiteren Vision wurden ihr 50 Bibelaussagen gezeigt, die sie ermahnten, aber gleichzeitig auch ermutigten, ihre Aufgabe treu zu erfüllen.

In der Miller-Bewegung waren jegliche übernatürlichen Spinnereien verpönt. Sie fassten wiederholt Beschlüsse, die besagten, wir wollen mit Gesichten, Träumen und übernatürlichen Erscheinungen nichts zu tun haben! Noch im April 1845 fassten sie einen ähnlichen Beschluss, fügten dem noch hinzu: »und jüdischen Fabeln«. Es will scheinen, als ob sich dieser Zusatz auf Joseph Bates bezog, der inzwischen versucht hatte, auch die Leiter der Miller-Bewegung von der Gültigkeit des Sabbats zu überzeugen.

Die ersten Visionen hatten bestätigenden Charakter, wie der Ablauf der prophetischen Zeit und die damit verbundenen Ereignisse im Himmel, vor allem die Einsetzung Jesu als König und Hoherpriester. Die weiteren Visionen waren mehr praktischer Natur, in denen die Gläubigen vor fanatischen Tendenzen gewarnt wurden. Die noch sehr junge Ellen reiste von Gruppe zu Gruppe, um die Gläubigen zu ermutigen und um falsche Ansichten und Ideen zu korrigieren. Bei diesen Reisen lernte sie den jungen Pastor James White kennen. Nachdem sie einige Monate lang zusammengearbeitet hatten, heirateten sie im Sommer 1846.

Bisher lernten wir drei Gruppen kennen, die sich unabhängig voneinander bildeten, und sich bald zum Kern der Adventbewegung zusammenschlossen. Sie wollten der ganzen Welt noch einmal das Evangelium für die letzte Zeit verkündigen. Bei diesen Gruppen handelt es sich um Hiram Edson und seine Anhänger mit Schwerpunkt der Heiligtumslehre; um Joseph Bates mit der Verkündigung des Sabbats, und schließlich um Ellen und James White, gekennzeichnet durch Ellen Whites erlebte Visionen. Hätte die gesamte Miller-Bewegung die wahre Bedeutung der prophetischen Zeit und auch die Visionen angenommen, wären rund 100.000 Menschen imstande gewesen, diese Erweckungsbotschaft schon damals in der ganzen Welt zu verkündigen. So begannen kleine Gruppen mit der Verbreitung der Adventbotschaft.

Als James und Ellen White im Frühjahr 1846 zum ersten Mal Joseph Bates besuchten, versuchte jeder den anderen von seiner Lehre zu überzeugen – aber ohne Erfolg. So konnten James und Ellen White zu jener Zeit den Sabbat noch nicht als Ruhetag akzeptieren. Joseph Bates hingegen war im November 1846 und im April 1847 Augenzeuge, wie Ellen White eine Vision erlebte. In der zweiten Vision wurde Ellen White das Allerheiligste mit den Gesetzestafeln gezeigt. Sie sah in dieser Vision das 4. Gebot (das Sabbatgebot) von einem Lichtglanz umgeben. Von diesem Tage an war das Vorurteil, das Joseph Bates gegen die Visionen Ellen Whites hegte, ad acta gelegt. Er akzeptierte Ellen White von nun an voll und ganz als Dienerin Gottes, wie sie sich selbst wiederholt bezeichnete.

6. Siebzig Jahre lang Aufbau einer Gemeinde

Das prophetische Amt beschränkt sich nicht auf visionäre Erlebnisse und Zukunftsvoraussagen. Oft sind damit auch praktische Ratschläge für den gegenwärtigen Alltag verbunden. Sowohl Mose als auch Samuel waren Führer des Volkes Israel. Von ihnen wurde die Gemeinde Gottes in ihren alltäglichen Pflichten geleitet. Der offenbarte Gotteswille beeinflusste die Einzelnen in allen Lebensbereichen. Beide, Mose und auch Samuel, führten zu ihrer Zeit das Gottesvolk viele Jahre hindurch. Ihre Führung bewirkte Klarheit und Sicherheit für das Volk.

Ähnlich verhielt es sich bei der neu entstandenen Adventgemeinde. Ihre Anfänge sind in den vorigen Kapiteln beschrieben. Klarheit und Sicherheit wurden durch die prophetische Gabe in der Gemeinde gewährleistet. Gott bekannte sich zu den aus der großen Enttäuschung hervorgegangenen Milleriten durch die Beauftragung von Ellen Gould White, die durch visionäre Erfahrungen mit Gott wichtige Botschaften überbrachte. Sie übte als Dienerin Gottes einen steten Einfluss auf die Gemeinde über einen Zeitraum von siebzig Jahren aus. Ein Aufbau der Adventgemeinde ohne die prophetische Gabe, in der sich die Führung Gottes offenbarte, scheint undenkbar. Es ist darum nicht übertrieben, wenn wir diese Zeit als besonders geistlich geführt bezeichnen.

Bereits im Kapitel 5 hatten wir Fakten aufgeführt, die bestätigen, dass die prophetische Zeit abgelaufen war. Sie markieren Zeit und Ereignisse, die mit dem Dienst Jesu Christi im Allerheiligsten als Priester und König verbunden sind. Es wurden Entwicklungen erklärt, die im Himmel und auf der Erde stattfinden. Auf die Erde bezogen ging es darum, den Menschen noch einmal das Evangelium zu verkündigen, damit jeder die Gelegenheit hat, sich mit freiem Willen für oder gegen Gott zu entscheiden. Nach der großen Enttäuschung im Jahre 1844 wurde eine Bewegung geboren, die sich unter der Leitung des prophetischen Amtes, besetzt durch Ellen G. White, entwickelte.

Ehe nun an eine weltweite Verkündigung gedacht werden konnte, mussten die biblischen Wahrheiten herausgearbeitet werden. Man muss bedenken, dass die aus der Miller-Bewegung hervorgegangenen Adventgläubigen aus den verschiedensten Kirchen und Glaubensgemeinschaften kamen. Was sie unter Miller zusammenführte, war die gemeinsame Hoffnung auf den wiederkommenden Herrn. Doch nach der großen Enttäuschung war diese Hoffnung nicht mehr so vorrangig; andere Lehren rückten in den Vordergrund, wie sie Baptisten, Methodisten, Presbyterianer, Lutheraner und andere Denominationen vertreten. Kurzum, es war keine einheitliche Lehre vorhanden. Daraus ergab sich die Notwendigkeit, die Bibel sorgfältig auf ihre Grundwahrheiten hin zu untersuchen. Dies geschah besonders im Laufe des Jahres 1848. Man versammelte sich in Gruppen von 30 bis 50 Gläubigen und studierte gemeinsam die Bibel, dabei gab es oft unterschiedliche Meinungen, manchmal sogar so viele, wie Personen anwesend waren. Man wusste dann keinen anderen Ausweg, als ernstlich um das rechte Verständnis zu beten. In dieser Zeit empfing Ellen White eine Vision. Darin wurde sie auf biblische Aussagen hingewiesen, die den schwierigen Text erklärten. Die Anwesenden akzeptierten die Hinweise, denn sie waren davon überzeugt, dass diese von Gottes Geist eingegeben waren – vor allem deshalb, weil alle wussten, dass Ellen White sich nicht an der Diskussion beteiligen konnte. Sie selbst erklärte, dass sie, wenn sie nicht eine Vision hatte, sich so fühlte, als ob ihr Verstand während der Diskussion blockiert wäre und sie nicht begriff, worum es ging. Die anderen anerkannten deshalb die in der Vision gegebenen Hinweise als göttlich inspiriert. Später machte Ellen White die Aussage, dass die Lehren der Gemeinde durch die wunderwirkende Kraft

Gottes bestätigt wurden. Es ist wichtig, hier noch einmal zu betonen, dass durch die Visionen keine neuen Lehren entstanden, sondern lediglich die Heilige Schrift erklärt wurde, das heißt, schwierige Texte wurden durch andere Texte erläutert. Aus diesem Grunde sind die Aussagen von Ellen White auch nicht als Zusätze zur Bibel zu betrachten, sondern vielmehr als inspirierter Kommentar zur Bibel.

Alle auf diese Weise entstandenen Lehren der Adventgemeinde werden als »Grundwahrheiten« bezeichnet. Es handelt sich hauptsächlich um folgende:

- der prophetisch vorhergesagte Erlösungsplan
- die Heiligtumslehre
- die dreifache Engelsbotschaft aus Offenbarung 14
- die Gültigkeit der Zehn Gebote
- die besondere Betonung und Gültigkeit des Sabbats als göttlich bestimmter Ruhetag
- die Sterblichkeit des Menschen
- die sichtbare Wiederkunft Jesu

Nachdem diese Hauptlehren herausgearbeitet waren, gaben die Adventgläubigen Broschüren und Bücher heraus, um so die Verbreitung der Botschaft zu unterstützen. Diese Aufforderung wurde Ellen White in einem Gesicht Mitte November 1848 gegeben und bezog sich zu allererst auf ihren Ehemann James White. Dieser sollte zunächst eine kleine Zeitschrift veröffentlichen Die Zeitschrift hatte keine andere Aufgabe, als die weltweite Ausdehnung des Missionsauftrages zu begleiten. Bereits im Jahre 1849 gab James White die erste Zeitschrift heraus, und damit war der Grundstein des adventistischen Verlagswesens gelegt. James White gründete im Laufe seines Lebens zwei Verlagshäuser. Die erste herausgegebene Zeitschrift »Present Truth« wurde etwas später in »Advent Review and Sabbath Herald« umbenannt. Diese Zeitschrift, kurz »Review« genannt, trug wesentlich dazu bei, sowohl ein Mittel der Verständigung untereinander zu werden als auch mehr und mehr eine Gemeinde zu formen. Der Weg zur Organisierung der Gemeinde war recht schwierig. Zuerst glaubte man, dass eine Organisation überflüssig wäre. Doch praktische Überlegungen und eine zunehmende Erkenntnis der weltweiten Verantwortung machten geordnete Strukturen unumgänglich. Bereits im Dezember

1850 berichtete Ellen White, dass sie in einer Vision sah, wie groß und heilig Gott ist. Der begleitende Engel sagte ihr: »Wandelt gewissenhaft vor ihm, denn Gott ist groß und erhaben. Seine Herrlichkeit erfüllt den Tempel.« Sie sah, dass im Himmel vollkommene Ordnung herrscht. Wieder sprach der Engel zu ihr: »Schaut aufwärts, Christus ist das Haupt. Erkennt, wie vollkommen und herrlich die Ordnung im Himmel ist! Folgt ihr nach.« Es dauerte dreizehn Jahre, bis dieser Rat endlich befolgt wurde. In der Zwischenzeit gab es heftige Diskussionen über das Für und Wider einer Organisation der Gemeinde. Viele glaubten, dass eine Organisation im Hinblick auf das baldige Kommen Jesu Christi überflüssig wäre. Doch Gottes Anweisung war klar und unmissverständlich. Über alle menschlichen Bedenken hinweg wurde im Mai 1863 die Generalkonferenz der Siebenten-Tags-Adventisten gegründet. Es schien undenkbar, das Evangelium in der ganzen Welt ohne eine Organisation zu verkündigen. Die Entwicklung zeigt, dass Gottes Ratschläge, die er durch die prophetische Gabe offenbarte, nicht immer begeistert aufgenommen wurden.

Unmittelbar nach der Gemeindegründung wurde ein weiterer notwendiger Schritt durch eine Vision aufgezeigt: die Gesundheitsreform. In einer am 6. Juni 1863 gegebenen Vision erhielt Ellen White den Hinweis, dass die Gläubigen ihre Lebensweise entschieden ändern müssten. Der Mensch ist eine Einheit von Leib, Seele und Geist. Ellen G. White wurde bedeutet, dass es jedermanns Pflicht sei, alles zu tun, um Körper und Geist gesund zu erhalten. Wer in seiner Ernährung zügellos ist, führt unabwendbar eine Erkrankung herbei, sodass er dem erhabenen Ziel Gottes für sein Leben nicht nachkommen kann.

Für eine gesunde Lebensweise gab es ganz praktische Anleitungen. Es wurde betont, dass es eine religiöse Pflicht sei, diese Anweisungen zu befolgen und auch andere Menschen darauf aufmerksam zu machen. Im Grunde genommen ging es bei diesen Empfehlungen um Mäßigkeit in allen Lebensbereichen: beim Tun und beim Ruh'n, im Essen und Trinken sowie beim Gebrauch von Arzneimitteln. Vor einem Medikamentenmissbrauch wurde besonders gewarnt. Stattdessen sollten vorwiegend natürliche Heilmittel wie reines Wasser, frische Luft und Sonne bevorzugt und Überanstrengungen an Körper und Geist vermieden werden, weil der Mensch dadurch für Krankheiten leichter anfällig wird. Ein ausgeglichenes, freudiges und dankbares Leben hingegen, gepaart mit Gottvertrauen, kann Erkrankungen vorbeugen und wird sogar anderen Menschen helfen, die besonders schweren seelischen Belastungen ausgesetzt sind.

Diese Empfehlungen betonten mit großem Nachdruck die gesunde, ausgewogene Ernährung, die beispielsweise den Genuss von Schweinefleisch verneint. Gleichermaßen schädlich ist eine fettreiche, scharf gewürzte oder übersüßte Kost. Statt dessenwurde eine einfache Vollwertkost empfohlen: Vollkornprodukte, Hülsenfrüchte, frisches Gemüse, Früchte und Nüsse. Auch sollte man sich hüten, abends eine reichliche Mahlzeit einzunehmen, um den Magen während der Nacht in seiner Funktion zu entlasten. Ebenso gilt die Empfehlung, zwischen den Mahlzeiten nichts zu essen, dafür aber reichlich frisches Wasser zu trinken (tagsüber ca. sechs Gläser). Mit Entschiedenheit wurde vor dem Genuss von Alkohol, Bohnenkaffee, schwarzem Tee und Tabak gewarnt, weil diese Genussmittel wie Gift für den menschlichen Organismus wirken.

Das Wesentliche der so entstandenen adventistischen Gesundheitslehre ist in zahlreichen Büchern erläutert und seit über einhundert Jahren immer wieder verbreitet worden. Die Gesundheitsliteratur hat einen wichtigen Beitrag geleistet zur Änderung der amerikanischen Lebensweise. Nicht nur Müsli, frisches Obst, Vollkornprodukte und Gemüse – also weit über »Kellogg's Cornflakes« hinaus – haben in den letzten Jahrzehnten in die amerikanische Küche Einzug gehalten. Auch die moderne Ernährungswissenschaft stimmt heute mit diesen grundlegenden Gesundheitslehren überein.

Weitere Anweisungen von Ellen G. White auf dem Gesundheitsgebiet betreffen den Bau von Krankenhäusern und Sanatorien, in denen Kranke und Erholungssuchende mit Vollwertkost und frischem Obst und Gemüse verköstigt werden – unabhängig davon, ob die Patienten gewillt sind, ihre Lebensgewohnheiten nachhaltig zu verändern.

In einer weiteren Vision wurde Ellen White gezeigt, dass die Gesundheitsreform ein Bestandteil der Dreifachen Engelsbotschaft (Offenbarung 14) ist, der bald sprichwörtliche »rechte Arm der Adventbotschaft«. Der Gemeinde wurde dringend geraten, ein eigenes Institut zu eröffnen, wo Kranke nach den genannten adventistischen Richtlinien behandelt werden. Bei der nächsten Generalkonferenz im Mai 1866 wurden vier Tage zu Fast- und Bettagen erklärt, weil eine Anzahl der damaligen Leiter der Gemeinschaft und ihre Familienangehörige krank waren. Hierdurch ergab sich für Ellen White eine günstige Gelegenheit, die Leitung der Gemeinde mit Gottes Plänen für eine gesunde Lebensweise näher bekannt zu machen. Alle Prediger wurden ernstlich ermahnt, ihre falschen Gewohnheiten in der Ernährung, aber auch in ihrer Arbeitsweise zu korrigieren.

Gleichzeitig wurde beschlossen, ein Sanatorium zu errichten und Schritte zu unternehmen, diesen Plan zu finanzieren. Obwohl die Gemeinschaft damals nur 3.500 Glieder zählte, sammelten sie innerhalb kurzer Zeit 11.000 Dollar. Bereits nach drei Monaten, am 5. September 1866, konnte das »Western Health Reform Institute«, Vorläufer vom Battle-Creek-Sanatorium, eröffnet werden. Es war das erste von einer ganzen Anzahl adventistischer Krankenhäuser, Sanatorien und Gesundheitszentren, die heute in fast allen Ländern der Erde zu finden sind.

Nicht weniger bedeutend ist der Beitrag von Ellen White auf dem Erziehungssektor. Schon sehr früh wurde auf die Bedeutung guter Erziehung aufmerksam gemacht. Als Folge entwickelte sich ein adventistisches Erziehungssystem, angefangen mit Grundschulen und Gymnasien, Colleges und Universitäten. Diese Bildungszentren dienen bis heute nicht nur der Gemeinde, sondern auch dem Gemeinwesen.

Adventistische Erziehung ist ihren Prinzipien nach in der Heiligen Schrift verankert; ihr liegt ein ganzheitliches Konzept zugrunde, das eine harmonische Entwicklung von Körper, Seele und Geist vorsieht. Praktisch bedeutet das, dass es ebenso wichtig ist, handwerkliche Fähigkeiten zu erlangen wie geistige Begabungen zu fördern. Beides wird vor allem im missionarischen Dienst unentbehrlich sein. Gleichzeitig muss der Pflege seelischer Kräfte Rechnung getragen werden. Das tiefste menschliche Sein braucht ein starkes Gottvertrauen. Die Schüler sollen zu Selbstbeherrschung, Disziplin, zum wohlüberlegten Denken und Handeln und zur sozialen Kompetenz erzogen werden, wobei es keine sklavische Abhängigkeit des Schülers vom Lehrer geben darf. Oberstes Ziel verantwortungsvoller, christlicher Erziehung ist es, junge Menschen zu Persönlichkeiten heranzubilden, die selbständig denken und handeln können und sich dabei ihrer Verantwortung vor Gott und für die Welt bewusst sind.

Um diese Ideale zu verwirklichen, sollten Schulen möglichst außerhalb einer Stadt, auf dem Lande eingerichtet werden; dort, wo die Schülerinnen und Schüler in der Natur die Schöpfung Gottes bewundern können und wo sie den Gefahren und dem Stress des Stadtlebens weniger ausgesetzt sind. Außerdem sollte den jungen Menschen Gelegenheit gegeben werden, zu sehen, wie Pflanzen wachsen, und was dazu gehört, dass gesunde Nahrungsmittel gedeihen. Am besten, sie nehmen selbst die Hacke, den Spaten und die Mistgabel in die Hand, um sich im Garten und auf dem Felde zu betätigen. Das wecke nicht nur die Freude an der Natur, sondern solle die Schüler gleichzeitig dazu anleiten, für sich selbst sorgen und vor allem den Wert körperlicher Arbeit richtig einschätzen zu können.

Die göttlichen Weisungen, die Ellen White erhielt, erstreckten sich nicht nur auf die großen Lebensbereiche wie Religion, Gesundheit, Erziehung etc. Es ging auch um einfache und hilfreiche Ratschläge für einzelne Gemeindeglieder. Der Anlass dafür war die wachsende Opposition gegen die geistlichen Gaben von Ellen G. White. Daraufhin sah sich James White als Schriftleiter der Gemeindezeitschrift »Review and Herald« veranlasst, keine Artikel mehr aus der Feder seiner Frau zu veröffentlichen. Fünf Jahre behielt er diese Linie bei. Dadurch geriet die Gemeinde in eine schwere Krise.

Während der Tagung der Generalkonferenz im November 1855 in Battle Creek wurde ernstlich um geistliche Hilfe gebetet und bekannte gleichzeitig, dass man die geistlichen Gaben nicht genug geschätzt und damit vernachlässigt habe. Ein einmütiges Schuldbekenntnis wurde öffentlich abgelegt und um göttliche Hilfe gefleht. Die Antwort kam in einer am 20. November 1855 gegebenen Vision, die den Zustand der Adventgemeinde zum Inhalt hatte. Der Heilige Geist wies deutlich darauf hin, dass es nicht darum gehe, die Wahrheit theoretisch zu beweisen, sondern sie zu leben. Kein Argument könne jemals den Platz eines gelebten Glaubens einnehmen. Wer die Wahrheit im Herzen trage, habe keine Schwierigkeit, sie anderen mitzuteilen. Die Verkündigung der Wahrheit müsse kraftvoll sein, begleitet von einem lebendigen Zeugnis, um Menschen zur Entscheidung zu führen. Dieselbe Vision befasste sich auch mit der Frage des Sabbatanfangs. Seit zehn Jahren hatte man den Sabbat von 18.00 Uhr am Freitagabend bis 18.00 Uhr am Samstagabend gefeiert. Es waren aber bereits Bedenken an der Richtigkeit dieser Praxis laut geworden. Man beauftragte John Nevins Andrews, in der Bibel zu forschen, um herauszufinden, wann der Sabbat tatsächlich anfange und ende. Andrews berichtete den Delegierten, dass nach biblischer Zeitrechnung der Tag von Sonnenuntergang bis zum nächsten Sonnenuntergang zu rechnen sei. Das wurde von allen Anwesenden akzeptiert, ausgenommen Joseph Bates und Ellen White. In einem darauf folgenden Gesicht wurde Ellen White gezeigt, dass in der Bibel der Tag von Abend zu Abend zu berechnen sei. Damit ist ein Irrtum dieser Aussage ausgeschlossen. Es war nichts anderes als eine Bestätigung der Studien von John Nevins Andrews: Der Sabbat gilt von Sonnenuntergang bis zum nächsten Sonnenuntergang.

Jene im November 1855 gegebene Vision enthielt noch andere praktische Ratschläge für die Gemeinde. Wegen ihrer Wichtigkeit wurden sie als »Zeugnis für die Gemeinde« veröffentlicht. Es waren die ersten Ratschläge, die im Laufe von 58 Jahren in Visionen erteilt wurden. Sie sind heute in einem neunbändigen Werk unter dem Titel »Zeugnisse für die Gemeinde« für jedermann zugänglich und dienen dem geistlichen Wachstum der Gemeinde und jedes einzelnen Gemeindemitgliedes.

Nachdem sich die Adventgemeinde in Amerika gefestigt hatte, konnte an die Aussendung von Missionaren in andere Länder gedacht werden. Bereits im Jahre 1864 war ein erster Anstoß dazu von Michael Belina Czechowski, einem bekehrten katholischen Priester aus Polen, gegeben worden, der die Leiter der Gemeinde gebeten hatte, ihn als Missionar nach Europa zu senden. Als dieser Bitte nicht entsprochen wurde, verband er sich mit anderen Gruppen und ging – mehr oder weniger ohne Auftrag, sondern auf eigene Faust – nach Europa zurück. Die Gemeinde schien zwar bereit für die Aussendung von Missionaren, aber den leitenden Brüdern schien Michael B. Czechowski nicht der geeignete Mann für den missionarischen Dienst zu sein.

Auch Ellen White warnte Czechowski, einen so entscheidenden Schritt gegen den Rat der Gemeindeleiter zu unternehmen, weil das zu großen Schwierigkeiten für ihn und seine Familie führen könne. Czechowski nahm diesen Rat jedoch nicht an, sondern reiste nach Europa und ließ sich in der Schweiz nieder. Zwar gründete er dort in Tramelan eine Gemeinde, verheimlichte aber seine Verbindung zur amerikanischen Adventgemeinde, sodass niemand wusste, dass es diese Gemeinde überhaupt gab. Nach dem Weggang Michael Czechowskis fand der Gemeindeälteste in Tramelan zufällig ein Exemplar der Zeitschrift »Review and Herald« in dessen Zimmer. Daraufhin nahm er Verbindung mit Battle Creek auf und bat in einem Schreiben um die Entsendung eines Missionars in die Schweiz. Doch die Gemeindeleitung in Battle Creek lehnte ab. Man schlug stattdessen vor, im Jahr 1869 einen von den Schweizer Brüdern zur Generalkonferenz zu entsenden.

Auf dieser Generalkonferenz wurde erstmalig eine adventistische Missionsgesellschaft gegründet. Zweifellos hatten Czechowski und die darauffolgende Entwicklung in Europa den Anstoß dazu gegeben. Die Gemeinde in Tramelan schickte Jakob Erzberger, der aber erst nach der Tagung der Generalkonferenz dort eintraf. Erzberger, ein junger Theologiestudent, blieb ein Jahr lang in Battle Creek, wo er zuerst die englische Sprache und dann die adventistische Theologie lernte. Als eingesegneter Prediger kehrte er nach Europa zurück.

Im Jahre 1871 wurde Ellen White in einer Vision deutlich gemacht, dass es notwendig sei, Männer und Frauen als Missionare auszubilden und auszusenden. Inzwischen wurde die Bitte Europas nach einem Missionar immer dringlicher. 1874 entschloss sich die Generalkonferenz, John Nevins Andrews zu entsenden, der nach der Beurteilung von Ellen White für diese Aufgabe am besten qualifiziert war. Andrews wurde somit der erste offizielle Missionar der Adventgemeinde. Die Stadt Basel in der Schweiz wurde der Mittelpunkt seines Wirkens. Mit seiner Tätigkeit ging das adventistische Werk in Europa sichtlich voran, sodass bald weitere Missionare in die europäischen Länder gesandt werden konnten.

Am 3. Januar 1875 wurde Ellen White in einer Vision gezeigt, dass in vielen Ländern der Erde Gruppen von Menschen auf Missionare warteten und dass die Zeit bald reif sein würde, in diese Gebiete Missionare zu entsenden. In Visionen sah Ellen G. White in verschiedenen Ländern Druckereien, die adventistische Literatur herausgaben.

Im Jahre 1885 – vier Jahre nach dem Tode von James White – wurden Ellen White und ihr Sohn William von der Gemeindeleitung nach Europa eingeladen; sie blieben zwei Jahre. Es war Ellen Whites Grundsatz, sich den Leitern der Gemeinde unterzuordnen und deren Verantwortung anzuerkennen. Auf ihren vielen Reisen trug sie vor allem dazu bei, die nationalen Hindernisse zu überwinden, um die Einheit der Adventgemeinde zu befördern. Sie half, Vorurteile abzubauen und das adventistische Verlagswesen zu stärken. Dazu gehörte auch die Förderung der Arbeit der Buchevangelisten. Die Tatsache, dass Ellen G. White auch aktiv an der Mission beteiligt war, wurde für andere zum Vorbild, die ebenfalls ihre Heimat verließen, um als Missionare das Evangelium in die entlegensten Regionen zu tragen.

Ellen White kehrte im Jahre 1887 in die USA zurück, gerade noch rechtzeitig, als sich bereits die Krise anbahnte, die dann auf der Generalkonferenz in Minneapolis 1888 zutage trat.

Unter Predigern und Gemeindegliedern hatte sich die Eigenart entwickelt, viel zu argumentieren, vor allem über die Gültigkeit des Gesetzes Gottes. Dabei wurde versäumt, in erster Linie auf die Gerechtigkeit durch den Glauben hinzuweisen. Man erkannte damals nicht, dass diese Lehre die Grundlage aller anderen biblischen Lehren ist. Dieser Zustand war vor allem zwei jungen Predigern, Alonzo T. Jones und Bruder Ellet J. Waggoner, bewusst geworden. Sie beschäftigten sich ausführlich mit diesem Thema und trugen es der tagenden Generalkonferenz vor. Obwohl ihre Erkenntnis durchaus biblisch begründet war, lösten ihre Darlegungen heftige Kritik aus. Ellen White stellte sich entschieden auf die Seite von Alonzo T. Jones und Ellet Waggoner und war bemüht, dass diese wichtige Lehre von allen Anwesenden ohne Vorbehalt angenommen wurde. Das gelang jedoch nicht, obwohl Ellen White in allen ihren Predigten und Andachten die Zuhörer dringlich ermahnte, sich dem Wirken des Geistes Gottes an ihren Herzen nicht zu verschließen. Die Einheit der Gemeinde schien stark gefährdet – vor allem deshalb, weil einige der leitenden Brüder, einschließlich George Butler, damaliger Präsident der Generalkonferenz, der

Meinung waren, die Darbietungen von Jones und Waggoner beeinträchtigten die bisher erkannten Lehren, die die Adventgemeinde von anderen Kirchen unterschieden. Sie waren nicht bereit, »neue Lehren« anzunehmen, und das trotz Ermahnungen und Klarstellungen von Ellen White. Sie war so entmutigt, dass sie sich mit dem Gedanken trug, die Konferenz zu verlassen. Doch sie wurde von Gott angewiesen zu bleiben, um die ihr aufgetragene Aufgabe zu Ende zu bringen.

Was auf der Generalkonferenz nicht erreicht wurde, strebte man anschließend in den Gemeinden an. Ellen White (in Begleitung von Alonzo T. Jones und Ellet Waggoner) hielt im Anschluss an die Konferenz Versammlungen in zahlreichen Gemeinden, um die Lehre von der Glaubensgerechtigkeit direkt unter die Gläubigen zu tragen. Außerdem wurden viele der Männer, die sich in Minneapolis gegen Alonzo Jones und Ellet Waggoner gestellt hatten, in Briefen und persönlichen Gesprächen von Ellen White ermutigt, sich zu besinnen und die vorgetragenen Lehren anzunehmen.

Erst nach etlichen Jahren klärte sich die Situation, indem die meisten der Opponenten, vornehmlich Uriah Smith und George Butler, ihre Fehler öffentlich bekannten. Somit wurde die Einheit der Gemeinde wiederhergestellt. Es muss in diesem Zusammenhang auch darauf hingewiesen werden, dass Ellen White nach diesen Jahren das christologische Verständnis der Gemeinde in ihren Büchern »Der Weg zu Christo« (jetzt: »Der bessere Weg«) und »Das Leben Jesu« klar formulierte. In diesen beiden Büchern wird nicht nur besonders die Lehre von der Glaubensgerechtigkeit dargelegt, sondern auch Gottes Erlösungsplan verständlich beschrieben. Es lässt sich klar erkennen, dass die Lehre von der Glaubensgerechtigkeit ein fundamentaler Bestandteil der Botschaft der Adventgemeinde ist.

Die Salamanca-Vision

Ein Beweis für die göttliche Leitung der Gemeinde durch die prophetische Gabe war die Vision, die Ellen White am 3. November 1890 in Salamanca im Staat New York hatte. Seltsamerweise konnte sich Ellen G. White unmittelbar danach nicht an das, was ihr gezeigt worden war, erinnern, obwohl sie immer wieder versuchte, davon zu berichten.

Einige Monate später, Anfang März 1891, tagte die Generalkonferenz in Battle Creek. Dort versuchte Ellen White abermals, die Botschaft der Vision vom November 1890 wiederzugeben, aber vergeblich. Als Ole A. Olsen, der damalige Präsident der Generalkonferenz, sie fragte, ob sie auch am Sonntag die Morgenandacht übernehmen würde, lehnte sie ab mit der Begründung, sie sei sehr müde. Doch als ihr Sohn William am Sonntag früh gegen 5.00 Uhr zur Andacht gehen wollte, sah er Licht im Zimmer seiner Mutter. Er klopfte an die Tür, trat ein und fand seine Mutter fertig angezogen und bereit, zur Andacht zu gehen. Sie hatte schon seit zwei Stunden geschrieben, und zwar das, was ihr in der Vision von Salamanca mitgeteilt worden war. In der Nacht war ihr erklärt worden, dass sie die ihr gegebene Botschaft jetzt übermitteln müsse. Als sie dann vor den Delegierten stand, konnte sie ohne zu zögern die Vision wiedergeben:

Sie befand sich in einem Raum in Battle Creek, in dem eine Gruppe von Männern darüber diskutierte, wie man die Zeitschrift für Religionsfreiheit »Sentinel« interessanter gestalten könne. Die Brüder von der Abteilung für Religionsfreiheit forderten, dass keine typisch adventistischen Artikel mehr – beispielsweise über den Sabbat – in der Zeitschrift veröffentlicht werden sollten. Auch das Titelbild dürfe nicht verraten, dass es eine adventistische Zeitschrift sei. Auf diese Weise würde die Zeitschrift viel mehr Leser finden. Die Brüder vom Verlag jedoch waren gegen eine Änderung – und die Debatte wurde immer heftiger. Man hatte sogar die Türe verschlossen, damit niemand den Raum verlassen könne, ehe die Sache entschieden war. Einer der Anwesenden schwenkte ein Exemplar des »Sentinel« über seinem Kopf und rief: »Wenn ihr das nicht ändern wollt, werden wir auf diese Zeitschrift verzichten und sie eingehen lassen!«

Alle lauschten wie gebannt, was Ellen White ihnen zu sagen hatte. Der Präsident, Ole A. Olsen, konnte sich die ganze Sache nicht zusammenreimen, da er von der Zusammenkunft nichts gewusst hatte. Plötzlich stand Albion F. Ballenger auf und sagte, dass er in der letzten Nacht dabei gewesen sei. Sie hätten sich nach Sabbatschluss versammelt und bis in die frühen Morgenstunden hinein debattiert. Schwester White habe genau beschrieben, was vor sich gegangen sei. Jedes Wort, das sie erwähnt habe, sei gefallen. Es tue ihm leid, dass er auf

unter der Leitung von Professor Rousseau ein Studien- und Arbeits-
programm aufstellten. Sechs Stunden lang wurde täglich körperlich
gearbeitet und sechs Stunden lang studiert. Das Land wurde gerodet
und Wege angelegt. Die Arbeit der Schüler bestritt alle ihre Unkosten.
Dieses Programm war von Anfang an erfolgreich. Ellen White bemerkte, dass so die richtige Erziehung aussehe, aus der Männer hervorgehen würden, die weder schwach noch unbeholfen seien; denn es
solle keine einseitige Erziehung sein, sondern stattdessen körperlich,
geistig und moralisch umfassend und ausgewogen.

Die Methoden der Bebauung des Landes, der Anpflanzung von
Obstgärten waren gleichzeitig als Muster für die einheimische Bevöl-
kerung gedacht, damit sie bessere Erträge erzielten, was ihnen ihre
Existenz erleichtern sollte.

Umorganisation der Gemeinde

Ein Problem, das Ellen White seit Jahren sah, betraf die Zentralisie-
rung des Werkes in Battle Creek. Dort befanden sich neben dem Sitz
der Generalkonferenz der Verlag, das Krankenhaus und die Missions-
schule dicht beieinander, sodass eine Konzentration von Adventisten
in dem kleinen Ort entstand. Ellen White versuchte, eine Dezentrali-
sierung herbeizuführen, um dem Missionscharakter der Gemeinde zu
entsprechen. Doch darin hatte sie wenig Erfolg. Ein weiteres Problem,
dem sie entgegenzutreten versuchte, war das Bemühen von Dr. John
Harvey Kellogg, das Gesundheitswerk – einschließlich des Krankenhauses – aus dem Gemeindeverbund auszuklammern und auf eigene
Füße zu stellen. Diese Bestrebungen waren Ellen White wohl bekannt.
Sie spiegeln sich in deren umfangreichem Schriftwechsel mit Dr. Kellogg wider, worin sie ihn in aller Offenheit behutsam ermahnte, seine
Schritte sorgfältig zu überdenken. Außerdem neigte Dr. Kellogg zu einer pantheistischen Philosophie, was von Ellen White ebenfalls aufmerksam registriert wurde und der sie entschieden entgegentrat.

Das Wachstum der Gemeinde weit über die Grenzen Amerikas hinaus machte eine Neuorganisation erforderlich. Es lag zu viel Verantwortung auf einigen wenigen Männern in Battle Creek. Dort wurden
die Entscheidungen für die weltweite Organisation getroffen, obwohl

man mit den örtlichen Schwierigkeiten kaum vertraut war. Auch hatten sich mehrere unabhängige Organisationen gebildet mit Sitz in Battle Creek, die ihre Entscheidungen treffen konnten, ohne sich gegenseitig zu verständigen. Es fehlte eine zusammenfassende Organisation. Zum Beispiel konnten drei verschiedene Organisationen Missionare aussenden: Die Generalkonferenz, die Abteilung für Außenmission und die medizinische Abteilung. Ellen White sprach von diesen Organisationen als von »kleinen Königreichen, die von kleinen Königen regiert« wurden. Die medizinische Abteilung war personell besonders stark aufgestellt. Sie hatte mehr Angestellte als alle anderen Organisationen zusammen. Außerdem stand ihr Dr. Kellogg als Leiter vor, der – wie schon erwähnt – geneigt war, das medizinische Werk aus dem Gesamtwerk herauszulösen und unabhängig werden zu lassen. Ihm schwebte eine »nicht-sektiererische Organisation« vor, wie er sich auszudrücken pflegte. Ellen White war schon seit langem bemüht gewesen, Dr. Kellogg von seinen Ideen und Vorhaben abzubringen. In ihrem Briefwechsel mit ihm war sie sehr behutsam vorgegangen, vor allem deshalb, weil Dr. Kellogg von Ellen und James White von Jugend auf gefördert worden war und wie ein Sohn betrachtet wurde. Dr. Kellogg selbst respektierte Ellen White viele Jahre. Das zeigte sich auch darin, dass er sie kurz nach ihrer Rückkehr aus Australien in Kalifornien aufsuchte und ihr während der Generalkonferenz in Battle Creek seine Wohnung zur Verfügung stellte. Nach anfänglichem Zögern nahm sie sein Angebot an.

Ein Tag vor der Eröffnung der Tagung der Generalkonferenz rief Ellen White die verantwortlichen Männer zu einer Beratung zusammen. Sie umriss die Probleme der Gemeinde und wies auf die Notwendigkeit einer Neuorganisation hin. Sie bemängelte vor allem die geringe Unterstützung für die Missionsfelder und deren Abhängigkeit von der Entscheidung der Leiter in Battle Creek, die mit der örtlichen Lage nicht vertraut waren. 46 Jahre lang war der Gemeinde entscheidende Hilfe durch Ellen Whites prophetisches Amt zuteil geworden. Das medizinische Werk – so führte Ellen G. White vor den Versammelten aus – müsse einerseits mehr unterstützt und andererseits besser in das Ganze eingefügt werden. Es gelte immer wieder die Frage zu stellen: »Was sagt der Gott Israels?«, um dann auch zu tun, was er sagt.

Ellen G. White schlug vor, dass ein Ausschuss von Vertretern aller Bereiche des Werkes gebildet werden müsse, der die Leitung des Gesamtwerkes in den Händen hielte. Gott erwarte, dass ein Wechsel stattfände. Es müsse das Wort Gottes mehr studiert und auch angewandt werden, anstatt dass nur immerzu wiederholt würde: »Schwester White sagt das oder jenes«, sondern es gelte: »So spricht der Herr!«

Im weiteren Verlauf der Sitzung wurden auf Ellen Whites nachdrückliche Empfehlungen hin Unionen eingerichtet, die zwischen Vereinigungen und Generalkonferenz stehen sollten und alle örtlichen Belange wirkungsvoller und schneller wahrnehmen konnten als die Generalkonferenz, die für dieweltweite Organisation zuständig war.

Genauso wurde das Problem der Schule in Battle Creek angegangen. Die Schule befand sich in einer Stadt und nicht im ländlichen Bereich, was nicht den biblischen Erziehungsempfehlungen entsprach. Nach einigem Hin und Her wurde in Berrien Springs ein geeignetes Grundstück gefunden, auf dem das Emmanuel-Missionary-College entstand, die heutige Andrews-Universität. Was wäre wohl aus dem adventistischen Erziehungswerk geworden ohne die prophetische Gabe von Ellen White?

Was durch die dringenden Briefe von Australien nicht erreicht wurde, bewirkte Ellen Whites Anwesenheit. In ihren Briefen hatte sie auf viele Missstände im Krankenhaus und im Verlag hingewiesen: Unterbezahlung der Angestellten und die Verbreitung pantheistischer Ideen sowie das Drucken nicht-adventistischer Literatur, die oft sehr fragwürdig war. Aber alle ihre Mahnungen wurden damals nicht beachtet. Es bedurfte zweier Katastrophen, um die Verantwortlichen wachzurütteln und eine Änderung herbeizuführen.

Die erste Katastrophe ereignete sich am 18. Februar 1902: Ein Brand zerstörte die Hauptgebäude des Krankenhauses. Die zweite Katastrophe folgte am 30. Dezember 1902, als der Verlag in Flammen aufging. In beiden Fällen war die Feuerwehr sofort zur Stelle, konnte aber nichts mehr ausrichten. Der Leiter der Feuerwehr bemerkte das Ungewöhnliche daran: das Löschwasser, das sie benutzten, wirkte wie Benzin; je mehr die Feuerwehrleute hineinpumpten, umso mehr brannte es. Ellen White hatte in ihren Briefen an die Leiter der Institute die Bitte geäußert, unbedingt Änderungen herbeizuführen. Sie hatte in ihrer Vision ein feuriges Schwert über Battle Creek gesehen, das nach beiden Seiten schlug. Nun hatte es in der Tat zugeschlagen!

Dr. Kellogg ließ sich allerdings durch den Brand nicht entmutigen. Noch während die Balken schwelten, zeichnete er bereits Pläne für ein neues und größeres Krankenhaus. Allerdings wurde im Ausschuss beschlossen, ein kleineres Gebäude im Rahmen der zur Verfügung stehenden Mittel zu errichten. Als jedoch die Grundmauern standen, stellte man überrascht fest, dass Dr. Kellogg es doch größer geplant hatte als das abgebrannte. Das Ganze kostete am Ende dreimal so viel wie ursprünglich vorgesehen. Um bei der Finanzierung zu helfen, wurde ein ähnlicher Plan entworfen wie bei der Schuldentilgung für den Aufbau der Schulen: Dr. Kellogg sollte ein Buch zu Gesundheitsthemen schreiben, das von Gemeindegliedern verkauft werden sollte. Dr. Kellogg wurde nachdrücklich darum gebeten, keine pantheistischen Ideen in das Buch einfließen zu lassen. Er versprach das zwar, hielt sich aber nicht an die Vereinbarung. Sein Buch »The Living Temple« (Der lebendige Tempel) war rasch geschrieben, hatte aber den Boden adventistischer Überzeugungen verlassen, sodass die Gemeinschaftsleitung es ablehnte, das Buch zu drucken. Kellogg traf daraufhin eine Vereinbarung mit dem Verlag, das Buch als Privatdruck herauszugeben, weil er dazu keine Zustimmung der Gemeinschaft brauchte. Die Platten für den Druck waren gerade fertig, als die oben erwähnte zweite Brandkatastrophe eintrat, bei der der Verlag abbrannte und auch die Platten für das geplante Buch zerstört wurden. Doch das hielt Dr. John Harvey Kellogg nicht auf. Er realisierte seinen Plan und gab das Buch bei einer anderen Druckerei in Auftrag.

Während der Ende März 1903 stattfindenden Tagung der Generalkonferenz wurde beschlossen, den Verlag nicht wieder in Battle Creek aufzubauen, sondern an einen anderen Ort zu verlegen, ebenso den Sitz der Generalkonferenz. Ellen White wies darauf hin, dass Gott einen anderen Platz für diese Einrichtungen vorgesehen habe. Nach einigem Suchen kamen Hinweise, dass Washington D. C. der geeignete Platz für den Verlag und auch die Generalkonferenz sei.

Die Herbstsitzung der Generalkonferenz wurde im Oktober 1903 bereits in Washington D.C. abgehalten. Dort traf eines Tages eine Gruppe aus Battle Creek unter der Leitung von Dr. Kellogg ein, um doch noch die Zustimmung der Generalkonferenz zur Verbreitung des Buches »The Living Temple« zu erreichen. Man debattierte einen ganzen Tag darüber, ohne zu einer Entscheidung zu gelangen. Als Arthur G. Daniells, der Präsident der Generalkonferenz, abends entmutigt nach Hause kam, fand er zwei Briefe von Ellen White vor, in denen sie auf die Gefahren hinwies, die von Dr. Kelloggs Buch ausgingen. Sie warnte davor, es doch herauszugeben und führte aus, dass Kelloggs Theorien die Grundlage biblischer Lehren verließen, und begründete das. Als Daniells am nächsten Morgen die beiden Briefe von Ellen White dem Ausschuss vorlas, stimmten alle Anwesenden zu. Sogar Dr. Kellogg versprach, das Buch zurückzuziehen, um die beanstandeten Stellen zu ändern, was er allerdings nie tat. Dr. Kellogg war weder von seinen Auffassungen noch von seinem Kurs einer unabhängigen »Medical Missionary and Benevolent Association« abzubringen. Ellen White hatte klar erkannt, dass Dr. Kellogg das Battle-Creek-Krankenhaus so führte, dass es bald nicht mehr adventistisch zu nennen sein würde.

Dr. Kellogg war auf seinem Gebiet ein anerkannter Fachmann. Obwohl er die Grundsätze adventistischer Gesundheitslehren genau kannte, wich er von ihrer praktischen Umsetzung ab. Sein Bestreben war es, medizinische Einrichtungen großzügig anzulegen. Ellen White hatte hingegen stets darauf hingewiesen, dass kleinere Einrichtungen an verschiedenen Orten eröffnet werden sollten, um möglichst weite Bevölkerungsschichten zu erreichen. Während es Kellogg um Rentabilität und das äußere Prestige ging, war Ellen White darauf bedacht, möglichst vielen Menschen zu einer gesunden Lebensweise zu verhelfen.

In der Vorausschau, das Battle-Creek-Krankenhaus unter der Leitung von Dr. Kellogg eines Tages zu verlieren, hatte Ellen White schon seit 1901 Anweisungen gegeben, in Südkalifornien nach geeigneten Objekten für medizinische Einrichtungen Ausschau zu halten. Sie hatte dabei einen Neuanfang für das medizinische Werk der Adventgemeinde im Blick. Innerhalb kurzer Zeit wurden mehrere Häuser gefunden. Das erste war nicht weit von San Diego entfernt. Dort gab es ein Gebäude mit 50 Zimmern, von einem Park und Ländereien umgeben, das ursprünglich als Sanatorium gedacht war. Die Eigentümer boten alles für 35.000 Dollar an, reduzierten den Preis jedoch in kurzer Zeit auf 6.000 Dollar. Schließlich einigte man sich auf 4.000 Dollar. Als sich die Generalkonferenz trotzdem nicht in der Lage sah, den Kauf zu tätigen, entschloss sich Ellen White, gemeinsam mit einer Schwester Gotzian das Grundstück privat zu erwerben. Jede von ihnen bezahlte 2.000 Dollar, und so ging es in ihre Hände über. Es fanden sich bald geeignete Fachleute, die das Gebäude zum Krankenhaus umbauten. Das größte Problem war aber, dass es kein Wasser gab, und so ging man daran, einen Brunnen zu graben. Als man ungefähr 25 Meter tief gegraben hatte, fragte Ellen White den Brunnenbauer, was er nun zu tun gedenke. Seine Antwort auf diese Frage war: »Hat Gott dir gezeigt, dieses Grundstück zu kaufen?« Ihre Antwort: »Ja, es ist mir sogar dreimal gezeigt worden, dass wir es kaufen sollten.« Darauf erwiderte Bruder Hamilton: »Gut, dann ist meine Antwort, dass der Herr uns keinen Elefanten schenken würde, ohne uns auch Wasser zu geben, damit er trinken kann.« Hamilton grub also weiter, und kaum eine Woche später stieß er tatsächlich auf Wasser, sodass das Krankenhaus sehr bald seiner Bestimmung übergeben werden konnte. Es ist auch heute noch – rund 100 Jahre später – in Betrieb und als »Paradise Valley Sanitarium« bekannt. In ähnlicher Weise wurde das heutige »Glendale Sanitarium and Hospital« bei Los Angeles errichtet.

Ellen White hatte aber noch ein ganz besonderes Unternehmen im Auge. Es war ihr ein drittes Anwesen gezeigt worden, und zwar sollte es in der Gegend zwischen Redlands, San Bernardino und Riverside liegen. Sie beauftragte John Allan Burden, nach diesem Grundstück Ausschau zu halten. Er fand ein ehemaliges Luxushotel, auf einem Hügel inmitten von Orangenhainen gelegen, Loma Linda genannt. Auch das war zum Kauf angeboten worden. Das Anwesen entsprach sogar in Einzelheiten den Beschreibungen von Ellen White. Die bisherigen Eigentümer hatten über 150.000 Dollar investiert, boten es aber für 115.000 Dollar an und reduzierten schließlich den Preis auf 40.000 Dollar. Die Leiter der Vereinigung und Ellen White waren zur Zeit des Angebots in Washington zur Sitzung der Generalkonferenz. John Allan

Burden hatte Ellen White kurz über das Grundstück informiert, als ihr Zug auf der Fahrt nach Washington in Los Angeles hielt. Sie bat ihn, sich ernstlich um den Kauf zu bemühen, zumindest die Eigentümer so lange hinzuhalten, bis sie aus Washington zurückgekehrt sei. Es war jedoch Eile geboten, weil sich noch andere für den Besitz interessierten. Burden unterrichtete Ellen White in einem dringenden Brief über die Entwicklung. Sie schickte ihm daraufhin ein Telegramm, ohne sich mit irgend jemandem zu beraten. Burden sollte mit einer Anzahlung den Kauf tätigen. Dieser hatte mit dem Rechtsanwalt der Eigentümer vereinbart, ihm für eine Anzahlung bis zum nächsten Mittag eine Frist einzuräumen. Als Burden um 11.00 Uhr vormittags das Büro des Anwalts betrat, erklärte dieser, Burden komme bereits zu spät. Er habe gerade ein Telegramm aufgesetzt und das Grundstück einem anderen Käufer versprochen. Burden wies darauf hin, dass es noch nicht 12.00 Uhr sei. Er konnte schließlich den Anwalt überzeugen, der daraufhin das verfasste Telegramm zerriss. Burden konnte gerade noch erkennen, dass es an Dr. Kellogg in Battle Creek gerichtet war. Es ergaben sich noch einige Schwierigkeiten mit den Leitern der Vereinigung, ehe der Kauf endgültig abgeschlossen wurde. Dabei bedurfte es der starken Überzeugungskraft von Ellen White. Diese erkannte in dem Grundstück in Loma Linda den Ort, der ihr in verschiedenen Visionen gezeigt worden war. Sie sagte auch klar und unmissverständlich, dass hier nicht nur ein Krankenhaus eingerichtet werden sollte, sondern es auch ein Ort sein solle, wo Ärzte, Krankenschwestern und Pfleger sowie andere medizinische Kräfte ausgebildet werden würden, von denen so mancher später als ärztliche Missionare in alle Welt gehen sollten.

Die Zahlungen für das Loma-Linda-Hotel war in Raten vereinbart worden. Es war Burden gelungen, die ersten 5.000 Dollar von Gemeindegliedern zu bekommen. Als aber die zweite Rate in Höhe von 5.000 Dollar am 26. Juli 1905 fällig wurde, waren diese Mittel nicht vorhanden, und es bestand auch keine Aussicht, das Geld aufzutreiben. Einige, die versprochen hatten, Geld für das Projekt vorzustrecken, zogen ihr Versprechen in letzter Minute zurück. Der Ausschuss versammelte sich am 26. Juli 1905 und beriet über die Lage. Es wurden Stimmen laut, dass es vielleicht am besten wäre, die eingezahlten 5.000 Dollar zu verlieren, um so weiteren Schwierigkeiten aus dem Wege zu gehen. Während die Männer noch diskutierten, erschien der Postbote und brachte einen Brief von einer Glaubensschwester aus New Jersey mit einem Scheck über 5.000 Dollar. Jetzt waren sogar die Skeptiker im Ausschuss davon überzeugt, dass Gott auf diese Weise seinen Segen geschenkt hatte. Die restlichen Zahlungen wurden nicht nur zeitgerecht eingehalten, sondern konnten sogar noch vorfristig überwiesen werden, sodass eine nochmalige Reduzierung des Kaufpreises um 1.100 Dollar erfolgte. Somit wurde Loma Linda für 38.900 Dollar erworben. Der Kauf dieses Anwesens war offensichtlich die Antwort Gottes auf den Verlust von Battle Creek.

Loma Linda entwickelte sich im Laufe der folgenden Jahre und Jahrzehnte zum Zentrum des adventistischen Gesundheitswerkes und ist heute als Loma-Linda-Universität eine der besten medizinischen Ausbildungsstätten in den USA.

Im Jahre 1905 bat Arthur G. Daniells Ellen White dringend, zu den Generalkonferenz-Sitzungen nach Washington zu kommen. Unter den zahlreichen Problemen, die besprochen werden mussten, war kaum eines wichtiger als die von Albion F. Ballenger in Frage gestellte Heiligtumslehre. Ballenger war einige Jahre als Missionar in England gewesen und hatte dort eine Theorie des himmlischen Heiligtums entwickelt, die mit der Auffassung der Gemeinschaft nicht vereinbar war. Er wurde in die USA zurückbeordert, und man versuchte auf der Generalkonferenz in Washington, mit ihm über diese Angelegenheit zu sprechen, hatte jedoch keinen Erfolg. Ellen White wies darauf hin, dass sie vor allem wegen dieser Frage nach Washington kommen müsse. In ihren Ansprachen und Predigten beleuchtete sie die Wichtigkeit und Unveränderlichkeit der biblischen Heiligtumslehre, die zum Fundament der Adventgemeinde zählt und in der kein Kompromiss eingegangen werden kann – weder damals noch später. Sie erklärte, dass diejenigen, die Theorien entwickeln, die die Glaubenssäulen des Heiligtums oder der Persönlichkeit Gottes und Christi zerstören, wie Blinde handelten. Sie verbreiteten in der Gemeinde Ungewissheit und ließen Gottes Volk ohne Anker dahintreiben.

Ellen White traf Ballenger in Washington. Sie sagte ihm, dass er derjenige wäre, den sie im Jahre 1890 in der Salamanca-Vision gesehen und der gefordert hatte, nichts mehr über den Sabbat in der Zeitschrift »Sentinel« zu schreiben. Damals, 1891 in Battle Creek, nahm Albion Ballenger den Rat von Ellen White an; doch diesmal, 1905, nicht. Er verließ die Gemeinschaft und wurde ein erbitterter Gegner von Ellen White.

Ein ähnliches Schicksal schien sich zur selben Zeit für Alonzo T. Jones zu vollziehen. Er hatte sich seit der wichtigen Generalkonferenz von 1888 große Verdienste erworben und seither eng mit Ellen White zusammengearbeitet. Doch er ging immer öfter eigene Wege und war seltener bereit, Ratschläge von Ellen White anzunehmen. Er unterstützte Dr. Kellogg, der dabei war, das Battle-Creek-College wiederzueröffnen und zu einer Universität auszubauen. Auf der Generalkonferenz 1905 machte Ellen White einen letzten Versuch, Alonzo T. Jones von seinen Plänen abzubringen und ihn in der Gemeinde zu halten. Es war aber vergeblich. Sowohl Jones als auch Kellogg wurden später aus der Adventgemeinde ausgeschlossen. Bei der nächsten Generalkonferenz im Jahre 1909 war Ellen White zum letzten Mal anwesend. Obwohl sie bereits 82 Jahre alt war, sprach sie auch auf der Konferenz, die Mitte Mai bis Anfang Juni stattfand, fast täglich zu den Delegierten. Es ging ihr vor allem darum, die Leiter der Gemeinde zu ermutigen, Christus nachzufolgen und ihn zum Mittelpunkt ihres Lebens und der Verkündigung zu machen. Sie forderte die Gemeinde zur Einigkeit auf, zur Treue in der Verkündigung der Botschaft und drängte darauf, die bisher vernachlässigten Großstädte zu evangelisieren. Sie spürte, dass sie das letzte Mal zur versammelten Generalkonferenz sprach, und sie sagte am Schluss, dass sie den nahen Abschied spüre. Sie bat die Brüder und Schwestern, nie zu vergessen, was sie auf der Generalkonferenz gehört hätten. Sie sprach von der Kraft des Allmächtigen und von der Freude, die uns in Aussicht gestellt ist. Auch sprach sie davon, dass wir Gottes Angesicht in seinem Reich schauen und uns dann niemals mehr von ihm trennen werden. Sie erinnerte daran, dass wir Teilhaber der göttlichen Natur sein sollen und dass wir von Gottes Engeln umgeben sind, sodass wir durch die Sünde nicht überwunden werden können. Wenn wir in Anfechtung geraten, sollten wir unsere Bitten zum Thron Gottes emporschicken und im Glauben die göttliche Kraft in Anspruch nehmen. Ihre Bitte zu Gott sei, dass das die Erfahrungen jedes Einzelnen von uns wachsen mögen und dass wir an dem großen Tage Gottes gemeinsam verherrlicht werden.

Als Ellen White nach ihrer Ansprache das Podium verlassen hatte, kehrte sie noch einmal zurück, schlug ihre Bibel auf, hielt sie mit ausgestreckten Armen dem Publikum hin und rief: »Brüder und Schwestern, ich empfehle euch dieses Buch!« Es waren ihre letzten Worte an die versammelte Generalkonferenz.

Nach der Konferenz 1909 fühlte Ellen White eine besondere Aufgabe: die Weichen für die Entwicklung Loma Lindas zur medizinischen Ausbildungsstätte der Adventgemeinde zu stellen. Die Ausbildung war bisher in Battle Creek erfolgt, und zwar im American Medical Missionary College (AMMC), das dem Battle-Creek-Krankenhaus angeschlossen war. Hier wurden adventistisches Pflegepersonal und Ärzte geschult. Aber auch diese Ausbildungsstätte ging der Gemeinschaft verloren. Um den Verlust beider Anstalten auszugleichen, setzte Ellen White alles daran, Loma Linda nicht nur als Krankenhaus, sondern auch als medizinische Ausbildungsstätte zu entwickeln. Sie wurde in ihren Bemühungen aber nicht von allen Leitern unterstützt. Einer von ihnen war der Präsident der Pacific Union Conference, in dessen Gebiet Loma Linda lag. Sein Interesse galt mehr der Entwicklung anderer Schulen. Für den Aufbau von Loma Linda zeigte er hingegen wenig Interesse. Trotz seiner Einstellung wurde er bei der folgenden Wahlversammlung zur Wiederwahl vorgeschlagen, was aber von Ellen White verhindert werden konnte. Sie richtete einen Appell an die Delegierten, einen anderen Präsidenten zu wählen, um die Entwicklung in Loma Linda nicht zu gefährden. Gleichzeitig erklärte sie dem bisherigen Präsidenten in einem Brief, warum er für die Wiederwahl nicht geeignet sei. Daraufhin wurde ein neuer Leiter gewählt, der die geplante Entwicklung in Loma Linda voll unterstützte. Auf derselben Konferenz wurden dann noch wichtige Beschlüsse gefasst, die den Werdegang Loma Lindas betrafen. Auf Empfehlung von Ellen White, auf eine vollmedizinische Ausbildung von Ärzten hinzuarbeiten, hatte man sich dafür um die staatliche Zulassung beworben. Sie wurde am 9. Dezember 1909 erteilt und erstreckte sich auf die Ausbildung von Ärzten, Zahnärzten und auf die Verleihung weiterer akademischer Grade. Es war auch in Erwägung gezogen worden, nur die ersten zwei

Jahre eines Medizinstudiums in Loma Linda anzubieten; das restliche Studium sollte an einer anderen Universität abgeschlossen werden.

Die Pacific Union Conference stellte sich nun voll hinter die Empfehlungen von Ellen White. Um die Finanzierung dieses weit gefassten Planes zu ermöglichen, wurde Loma Linda ein Institut der Generalkonferenz, sodass alle Unionen und die Generalkonferenz an der Finanzierung beteiligt wurden. Ohne Ellen Whites weise Voraussicht hätte diese Entwicklung nicht stattfinden können. Als man von dem erworbenen Land etwas verkaufen wollte, um Geld für den Aufbau zu beschaffen, riet Ellen White dringend davon ab. Unter keinen Umständen sollte Land verkauft werden – im Gegenteil: Es sollte jede Gelegenheit genutzt werden, um noch Land hinzuzukaufen, was dann auch geschah. Ohne diese Maßnahme wäre die Entwicklung in Loma Linda zum wichtigsten Erziehungszentrum der Gemeinschaft, wie es vorausgesagt war, unmöglich gewesen. Es war sicherlich kein Zufall, dass im selben Monat, in dem in Loma Linda das College of Medical Evangelists (CME) eröffnet wurde, nämlich am 29. September 1910, Dr. Kellogg das American Medical Missionary College (AMMC) in Battle Creek auflöste.

Zur Tagung der Generalkonferenz im Jahre 1913 schrieb Ellen White noch einmal an die versammelten Vertreter der Adventgemeinde aus aller Welt. Sie konnte nicht mehr an den Versammlungen teilnehmen, sandte aber zwei Botschaften, die vorgelesen wurden – als Mahnung und Zuspruch. Die erste Botschaft war auf 2. Korinther 7,16 aufgebaut. Sie freue sich, dass sie in allen Dingen volles Vertrauen bei den Teilnehmern spüre. In der zweiten Botschaft ermahnte sie die Gemeindevertreter in Anbetracht der baldigen Wiederkunft des Herrn, größere Anstrengungen in die Verkündigung des Evangeliums zu stecken und Gott völlig zu vertrauen. Sie sagte, dass sie ermutigt und gesegnet sei im Wissen, dass Gott sein Volk immer noch führt und es auch weiterhin bis zum Ende führen wird.

Die Tatsache, dass Ellen White wegen ihres Alters ihre Reisen und die Teilnahme an Konferenzen und Lagerversammlungen einschränken musste, war für sie keine Veranlassung, weniger aktiv zu sein. Seit ihrer Rückkehr aus Australien war sie hauptsächlich mit dem Schreiben ihrer Bücher beschäftigt. Ihr zunehmendes Alter ließ die Frage der

Nachfolge im prophetischen Amt aufkommen. Man kam aber zu der Überzeugung, dass ihre besondere prophetische Berufung nicht zu einer Institution der Gemeinschaft werden sollte, das heißt, der prophetische Dienst benötige keine Nachfolge mehr. Ellen White wies nachdrücklich darauf hin, dass ihre Bücher und Manuskripte alle Ratschläge für die Gemeinde enthielten, die für ihr Bestehen und für ihre Aufgabe bis zum Ende der Tage notwendig seien. Sie sagte, dass es nicht so ob sie am Leben sei; ihre Bücher würden bis »zum Ende weiter sprechen«.

Als im Jahre 1914 der Krieg ausbrach, war Ellen White im 86. Lebensjahr. Man berichtete ihr über die großen Schwierigkeiten der Gemeinden in Europa und fragte sie um Rat, wie sich die zum Militär einberufenen Gemeindeglieder verhalten sollten. Diese Frage wurde im Jahre 1915 verstärkt an sie herangetragen, als sie schon bettlägerig war, denn sie hatte sich am 12. Februar 1915 die Hüfte gebrochen, und von diesem Leiden erholte sie sich nicht mehr.

Schon früher hatte sie darauf hingewiesen, dass Gott über ein unbedachtes Handeln seiner Kinder nicht erfreut sei. Ihre Meinung war: Wenn Gottes Kinder in Schwierigkeiten geraten, wird Gott ihnen auf ihre Bitte hin Weisheit schenken, um richtig zu handeln. Als man ihr berichtete, dass viele Brüder zum Militär einberufen und auch schon etliche im Krieg gefallen seien, auch dass Gemeindeglieder in Europa und Amerika den zum Militär eingerückten Brüdern vorwarfen, diesen Dienst nicht verweigert zu haben – angesichts der Gefahr, sonst hingerichtet zu werden, erwiderte Ellen White: »Ich denke nicht, dass sie das tun sollten. Sie sollen ihre Pflicht erfüllen, solange die Zeit währt.« Es ist offensichtlich, dass diese Antwort aus dem besorgten Herzen von Ellen White gegeben wurde, indem sie ihr Mitgefühl mit den Brüdern in schwerer Lage zum Ausdruck brachte. Es wäre verfehlt, diese Aussage einseitig für oder gegen den Waffendienst ins Feld zu führen.

Ellen Whites Kräfte nahmen zusehends ab. Ihre Aufgabe war erfüllt, was sie mit den Worten unterstrich: »Ich habe mein Bestes getan.« Es war offensichtlich, dass ihr Leben langsam zu Ende ging. Sie war trotzdem zuversichtlich und drückte immer wieder ihr Vertrauen in die göttliche Führung ihres persönlichen Lebens und auch der Gemeinde aus. Am 15. Juli 1915 verstarb sie. Ihre letzten Worte waren:

»Ich weiß, an wen ich geglaubt habe.« Ihr Leichnam wurde nach Battle Creek überführt und dort in der Familiengruft neben James White beigesetzt.

Um die Verwaltung ihrer Schriften hatte Ellen White lange zuvor Sorge getragen. Testamentarisch hatte sie fünf Treuhänder beauftragt, die für ihr Schrifttum verantwortlich sein sollten: für die Zusammenstellung neuer Bücher, Übersetzungen und die allgemeine Verbreitung ihres Schrifttums. Diese Aufgaben werden heute vom »Ellen-G.-White-Estate« wahrgenommen, das in den Gebäuden der Generalkonferenz untergebracht ist. Die Bedeutung ihrer Schriften ist nicht zuletzt daran zu erkennen, dass seit Ellen Whites Ableben zahlreiche neue Bücher aus ihren Schriften zusammengestellt worden sind. Heute gibt es neben dem EGW-Zentralarchiv bei der Generalkonferenz auch Zweigstellen an anderen Orten, wo Originaldokumente von Ellen White eingesehen werden können. Diese Zweigstellen sind als »Ellen-G.-White-Research-Centre« bekannt. Das erste wurde 1974 am Newbold College in der Nähe von London eröffnet, das der Verfasser dieses Buches elf Jahre lang leitete.

Die Ratschläge für die Gemeinde im Schrifttum von Ellen White sind immer noch aktuell. Das kann durch zahlreiche Beispiele unterstrichen werden. Es sollen zwei davon genügen, die in Verbindung mit der Entwicklung von Loma Linda erwähnenswert sind.

Das erste ereignete sich Ende des Jahres 1915, kurz nach dem Tode von Ellen White. Die Generalkonferenz tagte zu dieser Zeit in Loma Linda. Ein Sonderausschuss war gebildet worden, um Empfehlungen einzubringen, wie die Gemeinschaft aus der damals schwierigen finanziellen Lage herausgebracht werden könnte. Es ergaben sich zwei Möglichkeiten: entweder einige Missionarsfamilien aus Übersee zurückzurufen oder Loma Linda zu schließen. Der Ausschuss empfahl die Schließung von Loma Linda. Als diese Empfehlung vor allen Versammelten verkündet wurde, erhob sich ein alter Bruder in der vordersten Reihe und ergriff das Wort: »Brüder, ich traue meinen Ohren kaum. Ihr wollt Loma Linda schließen? Ihr kennt mich alle, ich bin George Ide Butler. Ich war Präsident der Generalkonferenz und habe in meinem Leben viele Briefe und Anweisungen von Ellen White erhalten. In den meisten von ihnen wurde ich getadelt. Ich habe herausgefunden, dass, wenn ich den Anweisungen folgte, das Werk voranging. Wenn ich aber meine eigenen Entscheidungen traf, hatten wir große Probleme. Nun, jetzt bin ich alt. Ihr seid jünger und müsst die Verantwortung tragen. Bruder Daniells wird gleich abstimmen lassen. Wenn das geschieht, so sollt ihr wissen, dass eine alte Hand nicht für die Schließung von Loma Linda stimmen wird.« Daraufhin hielt er seine zitternde Hand hoch, mit der er Anweisungen und Pläne für Loma Linda von Ellen White umschloss, und er fuhr fort: »Diese Hand hat nicht gelernt, für die Schließung einer Einrichtung zu stimmen, von der der Herr uns ausdrücklich angewiesen hat, dass sie geöffnet werden soll.« Dann setzte er sich. Die Abstimmung wurde vorgenommen, und nicht eine Hand erhob sich, um für die Schließung von Loma Linda zu stimmen. Einer der Teilnehmer an dieser Sitzung war Ludwig Richard Conradi. Er schrieb an seinen Sekretär Guy Dail auf einer Postkarte: »Loma Linda bleibt offen – ungeachtet aller Einsprüche.« Conradi war wichtig, keine Missionare zu verlieren und heimzuschicken, sondern deren Arbeit weiter zu unterstützen. Loma Linda blieb geöffnet, und auch Missionare mussten nicht zurückgerufen werden!

Das zweite Beispiel bezieht sich ebenfalls auf das »College of Medical Evangelists« in Loma Linda. Im Jahre 1915 war beschlossen worden, in Los Angeles ein Krankenhaus zu bauen, um dort die klinische Ausbildung der Medizinstudenten durchzuführen. In Loma Linda gab es nicht genügend Kapazitäten; aus Mangel an Krankenhäusern und ausreichender Bevölkerung. So baute man das »White Memorial Hospital« in Los Angeles. Dort absolvierten die Medizinstudenten die letzten zwei Jahre ihres Studiums. Etwa 1960 lief Loma Linda Gefahr, die staatliche Anerkennung für die Ausbildung von Ärzten zu verlieren. Man verlangte die Zusammenlegung der beiden Ausbildungsstätten von Loma Linda und Los Angeles. Man favorisierte Los Angeles. Die Mehrzahl der Gemeindeglieder protestierte dagegen, weil sie fest daran glaubte, dass Ellen White auf göttliche Anweisung hin Loma Linda als medizinische Ausbildungsstätte bestimmt hatte. Obwohl der Platz in Los Angeles geeigneter erschien, waren die Gemeinden nicht damit einverstanden, und einige drohten sogar, ihre finanzielle Unterstützung einzustellen, falls eine Verlegung nach Los Angeles vorgenommen würde. Daraufhin wurde beschlossen, Loma Linda zu behalten.

Im Jahre 1964 baute man ein großes, neunstöckiges Krankenhaus. Außerdem wurde von der amerikanischen Regierung ein Hospital für Veteranen in Loma Linda errichtet und der dortigen Universität zur Betreuung unterstellt. Somit waren genügend Möglichkeiten zur klinischen Ausbildung der Studenten geschaffen, und die Krise war überwunden. Loma Linda ist in der Tat zum wichtigsten Ausbildungszentrum der Adventgemeinde geworden, so wie es Ellen White vorausgesagt hat.

7. Wie aktuell ist Prophetie heute?

»So lasset uns nun nicht schlafen wie die anderen, sondern lasset uns wachen und nüchtern sein« (1. Thessalonicher 5,6).

In seinem Bericht über die Lage der Nation im Januar 1990 verglich Präsident George H. W. Bush die Ereignisse des Jahres 1989 mit einer Revolution. Er vertrat die Ansicht, sie sei die wichtigste Revolution seit Kriegsende 1945 gewesen. Nicht wenige Staatsmänner und Wissenschaftler teilen diese Überzeugung.

Im Jahre 1945 hatten die Schrecken des Zweiten Weltkrieges ihr Ende gefunden. Die Nationen waren voller Hoffnung, dass die Zeit des Friedens gekommen sei, aber war das wirklich der Fall? Nein, nicht in Osteuropa. Dort löste eine Diktatur die andere ab. Es entstanden Polizeistaaten, in denen keine Freiheit gewährt wurde. Jedermann war gezwungen, der herrschenden Partei und damit dem Staat bedingungslos zu gehorchen. Raffinierte, ausgefeilte und brutale Spionagenetze hielten ganze Völker unter Druck. Ich weiß das aus eigener Erfahrung, denn man versuchte mich einmal als Spitzel anzuwerben, als ich mich in einem russischen Kriegsgefangenenlager befand.

Jenes kommunistische System versprach den Frieden, den Weltfrieden! Und gab vor, für diesen Frieden zu arbeiten. Für diesen edlen Zweck, so wollte es glauben machen, warb man naive Leute und ganze Gruppen, auch aus dem Westen, an. Aber dieses System kämpfte in Wahrheit um die Weltherrschaft. Es versuchte, seine Ideologie allen Nationen aufzuzwingen, notfalls mit Gewalt. So entstand der sogenannte »Kalte Krieg« zwischen Ost und West.

In diesen Jahrzehnten wurden Waffen erfunden, wie es sie nie zuvor gegeben hat. Allein das Potenzial an Nuklearwaffen könnte unseren Planeten mehrfach zerstören. Ich erinnere mich an eine Fernsehsendung, die einen 24-stündigen Alarm der U.S.-Luftwaffe beschrieb und für jeweils 24 Stunden den Frieden »sicherte«. Sollte es der Feind jemals wagen, einen Angriff zu unternehmen, so würde dieser sein eigenes Land zerstören, weil die Vergeltung gewissermaßen bereits in der Luft lag. Die Folge wäre, dass niemand einen solch unvorstellbaren Krieg gewinnen könnte. Dadurch wurden Ost und West an den Verhandlungstisch gezwungen. Wenn beide, Ost und West, überleben wollten, musste man sich einigen. Vor allem im Osten hatten die Menschen einen hohen Preis für das Wettrüsten zu zahlen. Während es im Westen gelang, einen gewissen Wohlstand aufrechtzuerhalten, litten die Bewohner der osteuropäischen Länder mehr und mehr Mangel an den einfachsten Dingen des täglichen Bedarfs. Menschen im Westen fällt es schwer zu begreifen, welche Entbehrungen die Völker in den Diktaturen auf sich nehmen mussten. Beispielsweise streikten russische Bergleute im Sommer des Jahres 1989 deshalb, weil sie noch nicht einmal genügend Seife kaufen konnten. In Rumänien war für eine Familie in der ganzen Wohnung nur eine 40-Watt-Glühbirne erlaubt, und Heizungsenergie stand täglich nur 3 bis 4 Stunden zur Verfügung.

Es ist nicht verwunderlich, dass die unterdrückten Völker mehr und mehr aufbegehrten. Um den Unwillen in Schach zu halten, gewährten die Machthaber gewisse Reisefreiheiten, hatten aber wohl kaum damit gerechnet, dass die Menschen nicht nur mit eigenen Augen den Unterschied sahen, sondern auch eine Änderung herbeiführen wollten. So kam es, wie es kommen musste. Zwei Begriffe – Glasnost und Perestroika – setzten die Welt in Erstaunen. War damit die langersehnte Wende zum Besseren, zum weltumspannenden Frieden gekommen? Viele glaubten es und jubelten: Und dann? Wie ein kalter Reif kam der Golfkrieg, das Morden in Jugoslawien und das nie dagewesene Aufbegehren der Völker in der Sowjetunion, die einer ungewissen Zukunft entgegengingen.

Was bedeutete das alles für die Adventgemeinde?

Der Apostel Paulus nennt jene Leute, die die Zeichen der Zeit nicht beachten, Schlafende, und er drängt sie, von ihrem geistlichen Schlaf aufzuwachen. »So lasset uns nun nicht schlafen wie die anderen, sondern lasset uns wachen und nüchtern sein« (1. Thessalonicher 5,6).

Um die politischen Ereignisse zu verstehen, müssen wir die prophetischen Vorhersagen beachten, die noch erfüllt werden müssen und dem Kommen des Herrn vorausgehen. Die Ereignisse der letzten Zeit werden uns in verschiedenen Bildern vorgeführt, die wie bei einem Puzzle zusammengetragen werden müssen; zum Beispiel: Europa ist für das prophetische »Babylon« der Hauptschauplatz der Geschichte. Europa umfasst das Gebiet der »zehn Königreiche«, die aus dem heidnischen Rom hervorgehen. Die »zehn Hörner«, die europäischen Mächte, werden in Daniel 2 und 7 beschrieben, außerdem in Offenbarung 12,13 und 17. Viele ihrer charakteristischen Eigenschaften wurden bereits durch die Geschichte bestätigt. Aber das prophetische Wort hält nichts von Vermutungen. Nur dann, wenn vorhergesagte Ereignisse oder charakteristische Eigenschaften geschichtliche Wahrheit geworden sind und sich nahtlos in das prophetische Bild einfügen, nur dann können wir von erfüllter Prophetie sprechen.

Angesichts der Ereignisse in Europa um die Jahrhundertwende möchte ich nun unsere Aufmerksamkeit auf das 17. Kapitel der Offenbarung lenken, weil ich glaube, dass es die Entwicklung auf diesem Kontinent erfordert. Die Abläufe, die in diesem Kapitel aufgezeichnet sind, werden hauptsächlich in Europa stattfinden, weil hier erstens der Sitz »Babylons« ist, das in diesem Kapitel die größte Rolle spielt, und zweitens, weil hier die »zehn Hörner« wieder auftauchen, die ein Symbol für die europäischen Völker sind. Das Thema dieses Schriftabschnittes ist die letzte Rolle, die die gottesfeindliche Macht »Babylon« kurz vor der Wiederkehr Jesu Christi spielen wird. Wir erkennen in dem Text den triumphalen Höhepunkt »Babylons«, nachdem es von der »tödlichen Wunde« überraschend heilgeworden war (siehe Offenbarung 13,3). Es ist dort nicht nur von »Babylon« als einer »Hure« die Rede, sondern von der »Mutter aller Hurerei und aller Gräuel auf Erden« (Vers 5).

Johannes, der Schreiber der Offenbarung als Sprachrohr Gottes, beschreibt eine offensichtlich weltweite Macht oder eine Vielfalt von Nationen in einer engen Verbindung mit einer Weltkirche. Das Bild zeigt eine Hure auf einem Tier. Hure und Tier bilden eine Einheit, die durch Gottes Gericht zerstört wird. Die Werkzeuge, die für die Zerstörung verwendet werden, sind die »zehn Hörner« des »Tieres«. Das »Tier« selbst samt »Hörnern« wird schließlich durch das »Lamm«, das Jesus Christus symbolisiert, vernichtet werden.

Wir erkennen in diesem prophetischen Bild eine Entwicklung, für die noch keine endgültige Auslegung gegeben werden kann. Jedoch können wir einige Merkmale verfolgen, die uns den Beginn der Erfüllung dieser so wichtigen Vorhersage erkennen lassen. Alle, die sich der Rolle bewusst sind, die Babylon im Laufe der Geschichte gespielt hat, müssen von der Notwendigkeit überzeugt sein, dass Gott seine Gerichte über dieses System kommen lässt. Der Grund für solche Strafgerichte kann nicht besser beschrieben werden, als Johannes es tat: »Ihre Sünden reichen bis an den Himmel, und Gott denkt an ihren Frevel ..., und das Blut der Propheten und der Heiligen und aller derer, die auf Erden getötet sind, ward in ihr gefunden« (Offenbarung 18,3.24).

Zu Beginn von Offenbarung 17 hat einer der Sieben-Schalen-Engel den Auftrag erhalten, Johannes das Schicksal der »Hure« zu erklären. Tatsächlich werden alle, die das Verhalten dieser Macht in der Geschichte studiert haben, daran interessiert sein zu erfahren, wie lange Gott warten konnte, bis er auf die Selbstherrlichkeit des verbrecherischen Systems reagierte. Dieses Kapitel zeigt uns, dass Gott schließlich mit Entschiedenheit antwortet. Es ist nicht allzu schwer, diese »Hure« zu identifizieren, weil noch andere biblische Aussagen und Beschreibungen vorhanden sind. Sie, die »Hure«, hat es immer verstanden, sich Nationen dienstbar zu machen, wenn es um ihr listenreiches und trügerisches Spiel ging. Regierungen und Völker wurden von ihr umgarnt und vergiftet. Sie war es, die in die Politik der Völker eingriff – zwar in einer religiösen Verkleidung. Doch gerade dadurch konnte die »Hure« ihre Ziele und Absichten unter den Völkern verwirklichen.

Der Ausdruck »Hure« beschreibt die unheilige, intime Beziehung, durch welche die Kirche sich mit den verschiedenen Regierungen verband, um ihre eigenen Ziele zu fördern. Diese Ziele sind dem Willen Gottes zuwider; und so, wie sich die Kirche von Gott getrennt hat, trennt sich auch eine ehebrecherische Frau von ihrem Ehemann und löst durch ihr Verhalten ihre Ehe auf (Hosea 2,5; 3,1).

Außerdem verbog »Babylon« Lehren der Bibel, um sie der Welt gefälliger erscheinen zu lassen. Es handelt sich um folgende unbiblischen Dogmen wie die Unsterblichkeit der Seele, die Heiligenverehrung, die Sonntagsfeier, das Fegefeuer, die Ablass-Briefe und anderes mehr. Hinzu kommt, dass die Priester und Geistliche vom Staat finanziert werden. All das wird in der Bibel als »Hurerei« bezeichnet. Für viele Menschen ist dies jedoch leicht und angenehm. Eine Verquickung von Kirche und Staat gab es in der letzten Zeit in Europa nicht mehr. Aber die Weissagung kündet ein Wiedererstehen dieser engen Verflechtung an, und zwar im Gebiet der »zehn Hörner«. Das ist die Botschaft der »Hure«, die auf dem »Tier mit den zehn Hörnern« reitet.

Dieses »Tier« hat Ähnlichkeit sowohl mit dem »Drachen« aus Offenbarung 12 als auch mit dem »ersten Tier« in Offenbarung 13, und das »Tier« in Offenbarung 17, das letzte in der Reihe der biblischen Tiere. Trotzdem gibt es Unterschiede, die wir beachten müssen: Der »Drache« ist rot, während jenes »Tier« scharlachfarben ist – die Farbe des Gerichts. Die sieben Häupter des »Drachens« tragen Kronen, während die des »Tieres« ungekrönt sind. Das »erste Tier« in Offenbarung 13 hat gekrönte Häupter und »Namen der Lästerung auf den Häuptern«. Das »Tier« in Offenbarung 17 ist mit »Namen der Lästerung« vollständig bedeckt; aber es sind keine Kronen auf seinen Hörnern – ein Zeichen dafür, dass ein Wandel von der Monarchie zur Demokratie eingetreten ist. Das »Tier« in Offenbarung 13 empfängt seine Macht und Stärke von Satan. Wenn das auch nicht ausdrücklich in Offenbarung 17 erwähnt wird, so ist doch augenscheinlich, dass dieses »Tier« ebenfalls eine Kreatur Satans ist – ganz besonders deshalb, weil es aus dem »Abgrund« kam.

Dieses geschilderte prophetische Bild stellt vier verschiedene Machtgruppen dar. Jede von ihnen ist in sich von besonderer Wichtigkeit: Die »Hure«, das »Tier«, die »sieben Häupter« und die »zehn Hörner«. Um jedes dieser Bildteile zu verstehen, muss man in die Geschichte zurückblicken.

In den folgenden Versen (Offenbarung 17,4 ff.) gibt uns Johannes eine eingehende Beschreibung der »Hure«. Sie stellt sich in einem farbenreichen, gold- und edelsteinglänzenden, lasterhaften Aufzug dar und steht damit in krassem Gegensatz zu der reinen, in Weiß gekleideten »Frau«, die Gottes Gemeinde in Offenbarung 12 verkörpert. Der goldene Becher in der Hand der »Hure« ist das Symbol für die Irrlehren, mit denen sie die Völker vergiftet und betrogen hat. Der Titel »Mutter der Hurerei« in Vers 5 weist daraufhin, dass sie nicht allein ist. Sie hat Nachkommen, »Töchter«, nämlich andere Kirchen, die ebenfalls »Ehebruch« getrieben haben. Die falschen Lehren wurden verbreitet, und viele Menschen sind dadurch getäuscht worden. Wie groß und weitreichend ist doch der Abfall, wenn sich eine Kirche vom Wort Gottes entfernt! Allein das unvoreingenommene Studium der Heiligen Schrift mit der aufrichtigen Bitte um die Leitung des Heiligen Geistes kann vor diesen tödlichen Täuschungen bewahren.

Die unbeschreibliche Schuld, welche die »Hure« angehäuft hat, wird in Vers 6 beschrieben: Sie wird für den gewaltsamen Tod und die Leiden von Millionen treuer Christen im Laufe der Geschichte bis in unsere heutige Zeit verantwortlich gemacht. Die gleiche Schuld trifft all jene Kirchen (die »Töchter«), die auf Gewalt und Verfolgung zurückgreifen, um Menschen zu zwingen, ihre Lehren anzunehmen. Dazu gehören alle religiösen Organisationen, die politische Macht einsetzen, um ihre Ziele zu erreichen.

Der Engel in Offenbarung 17 geht dann dazu über, die »Hure« und das »Tier« näher zu kennzeichnen. Die »Hure« (»Babylon«) ist der Inbegriff des Abfalls von Gott. Sie ist identisch mit dem »ersten Tier« aus Offenbarung 13; sie ist aber eng verbunden mit dem »Drachen« aus Offenbarung 12. Wir wollen beachten, dass alle »drei Tiere sieben Häupter« und »zehn Hörner« haben. Demnach gehören sie zu ein- und derselben Art, wenngleich sie unterschiedlicher Herkunft sind. Während der »Drache« vom Himmel stammt, kommt das »erste Tier« in Kapitel 13 aus dem Meer, das heißt aus Völkern und Nationen. Aus Gründen des Vergleichs soll darauf hingewiesen werden, dass das »zweite

Tier« in demselben Kapitel aus der Erde kommt. Der kundige Bibelleser und Beobachter erkennt darin den Ursprung der Vereinigten Staaten von Amerika, die aus einem kaum bevölkerten Kontinent entstanden. Doch dann wenden wir uns der Herkunft des »Tieres« in Offenbarung 17 zu, das aus dem »Abgrund« kommt. Dieser Hinweis lässt die Tatsache erkennen, dass wir durch dieses »Tier« mit einer diabolischen Kreatur konfrontiert werden, die der Meisterbetrüger entwickelt hat, um die Menschheit in die letzte Täuschung vor der Wiederkunft unseres Herrn Jesus Christus hineinzulocken.

»Tier« und »Hure« bezeugen eine einzigartige Einheit zwischen Religionen und Regierungen, eine Verbindung, die zweifellos die Menschheit deshalb begeistert, um in Frieden und Harmonie leben zu können. Diese Verbindung soll nicht allein den Frieden garantieren, sondern auch den Wohlstand. Das trügerische System wird jede Form und jede Art von Religion übernehmen – selbst heidnische Religionen. Was während der vergangenen sieben Jahrzehnte so schwer zu erringen war, nämlich Frieden und Wohlstand, soll auf diese Weise Wirklichkeit werden. Das bedeutet jedoch, dass die jeweiligen Regierungen eng mit den kirchlichen Institutionen zusammenarbeiten, so wie es das prophetische Wort darstellt.

Unser Augenmerk soll jetzt auf Offenbarung 17,7 und 8 gerichtet werden. Es wird festgestellt, dass jenes »Tier« bereits vorher da war. Der »Abgrund« wird zweimal erwähnt: das erste Mal in Offenbarung 9,1.2, worin von einem »Stern« die Rede ist, der vom Himmel fiel. Alte jüdische Literatur spricht davon, dass das eine Beschreibung des Falles Satans sei. Demnach hat Satan den »Schlüssel zum Brunnen des Abgrunds«. Er öffnet ihn und dicker »Rauch« steigt empor, um Wahrheit und Wirklichkeit zu verschleiern. In geschichtlicher Deutung glaubt man, es hier mit dem Aufkommen des Mohammedanismus zu tun zu haben, einer fanatischen Religion, die heute immer stärker wird. In diesem System wurden Christentum, Judentum und Heidentum zu einem neuen Gemisch zusammengefügt. Den zweiten Hinweis finden wir in Offenbarung 11,7. Hier wird ebenfalls von einem »Tier« gesprochen, das aus dem »Abgrund« emporsteigt. Bibelkommentatoren stimmen zumeist darin überein, dass damit der Atheismus beschrieben wird, wie er sich mit der Französischen Revolution manifestierte und eine erste Kommune als Regierung formte. Diese Regierung erklärte mit aller Kühnheit, es gäbe keinen Gott. Statt seiner setzte man eine »Göttin der Vernunft« auf den Thron. Bibeln wurden verbrannt, die Sieben-Tage-Woche abgeschafft und die Ehe lächerlich gemacht. Tausende von Menschen wurden gnadenlos hingerichtet. In der Französischen Revolution wurde sichtbar, was das »Tier aus dem Abgrund« fertigbringen kann.

Aber dieses System konnte sich nicht lange halten. Das »Tier aus dem Abgrund« verschwand – doch es sollte wiederkommen. Wann und wo? Geschah es nicht in der russischen Revolution im Jahre 1917? Satan, der »Drache« aus Offenbarung 12, zwang nicht wenigen Völkern sein rotes Regime auf und benutzte dazu die Schlagworte der Französischen Revolution: »Freiheit, Gleichheit, Brüderlichkeit«. Es gelang ihm, Millionen von Menschen hinter eisernen und Bambus-Vorhängen, Berliner und Chinesischen Mauern abgesperrt zu halten, natürlich hat keine der »roten« Regierungen Ähnlichkeit mit dem »Huren-Tier« aus Offenbarung 17; denn in den kommunistischen Ländern blieb das Wort Lenins nach wie vor gültig: »Religion ist Opium für das Volk.«

Wenn die »Hure« ihren Platz auf dem »Tier« einnehmen wollte (Offenbarung 17,3.4.7.9), so musste etwas Besonderes geschehen, vorausgesetzt, dass das wiederkommende »Tier aus dem Abgrund« mit dem Kommunismus identisch ist. Ein Wandel musste eintreten. Das blutige Rot des »Drachens«, die kommunistische Ideologie, musste etwas Schmackhafterem Platz machen. Eine solche Veränderung könnte durch die Scharlachfarbe des »Tieres« aus Offenbarung 17 gekennzeichnet sein. Vor allem deutet das auf eine freie Religionsausübung hin, welche bislang in den aus dem »Abgrund« beherrschten Ländern unterbunden war. Das käme der »Hure« entgegen, ihre alte Vormachtstellung wieder einzunehmen.

Nach dem Zweiten Weltkrieg träumte man in Europa mehr und mehr von einer sogenannten »Europäischen Union«. Diese Idee kam zunächst in Westeuropa auf, und sie durchdrang auch Osteuropa nach dem Fall der Mauer. Es geht um engere Zusammenarbeit um des Friedens und des Wohlstandes willen. Sogar nationale Grenzen sollen bedeutungslos werden. Eine noch nie dagewesene europäische Allianz ist entstanden. Könnte die Strategie zu solch kühnen Plänen von den – sieben Hügeln«, wo die »Hure« ihren Sitz hat, ausgegangen sein? Von Rom, der Stadt des Vatikans? (Offenbarung 17,9). Es ist längst kein Geheimnis mehr, dass von dort aus die politischen Umwälzungen in Europa gesteuert wurden.

Offenbarung 17,8 gibt weiteren Anlass zum Nachdenken: »... und es werden sich wundern, die auf Erden wohnen, deren Namen nicht geschrieben steht vom Anfang der Welt in dem Buch des Lebens.« Wer sind diese? Sie glauben nicht dem prophetischen Wort, haben es auch nie studiert. Darum können sie die Zusammenhänge der gegenwärtigen Entwicklung nicht erkennen. Auch ist ihnen unbekannt, dass der Ablauf dieser Geschehnisse schon vor langer Zeit vorhergesagt wurde. Warum jedoch sind diejenigen, die im »Buch des Lebens« stehen, davon nicht überrascht? Die Antwort ist sehr einfach und sollte jeden zum Nachdenken bringen: weil sie an das prophetische Wort der Bibel glauben! Beispielsweise wird in Offenbarung 17 vorhergesagt, dass Babylon, dieses Konglomerat religiöser Organisationen, die »Hure«, noch einmal die Geschicke der Nationen in Europa lenken wird. Wer hätte je ein eindrucksvolleres Bild ersinnen können, um die laufende Entwicklung in Europa zu beschreiben, als es Johannes in der Tier-Hure-Skizze andeutet?

Was aber bedeutet das alles für Europa? Einerseits ist es dem prophetischen »Babylon« gelungen, sich die östlichen Ideologen gefügig zu machen; andererseits verfolgt Gott seinen Plan, Menschen für das ewige Leben zu retten. Die unzähligen Millionen Menschen in Osteuropa haben in den letzten Jahrzehnten Gelegenheit, mit dem Evangelium bekannt zu werden. Sie können sich frei für die Annahme des Evangeliums entscheiden. Auf der anderen Seite hat auch »Babylon« die Möglichkeit, seine ihm bestimmte Position der religiösen und politischen Führung einzunehmen. Für all das ist jetzt die Zeit!

Die letzten Ereignisse werden sich schnell abspielen, genauso rasant, wie sich die Umwälzung im Osten Europas vollzog. Über die Ereignisse des Jahres 1989 in Europa wurde unter der Überschrift »Der unglaubliche Zusammenbruch des Kommunismus« wie folgt berichtet: »Von der Zeit an, da die unabhängige polnische Gewerkschaft ›Solidarnosc‹ im Jahre 1980 gegründet wurde – bis zum Sturz der Regierung – vergingen neun Jahre. Weniger als neun Monate waren nötig, bis die Dissidenten in Ungarn die Regierung auf die Knie zwangen. Neun Wochen genügten in der DDR! Fünf Wochen in Rumänien! Dieser Sturm der Freiheit über Osteuropa ist eine der erstaunlichsten Veränderungen auf politischem und sozialem Gebiet in der Geschichte« (Readers Digest, März 1990, 105 f.).

Noch einmal soll unsere Aufmerksamkeit auf Offenbarung 17 gerichtet werden, und zwar auf Vers 8 und die folgenden Verse. Die Wendung im 9. Vers ist bedeutungsvoll: »Hier ist der Sinn, zu dem Weisheit gehört.« Eine wörtliche Übersetzung formuliert es wie folgt: »Wenn die Zeit kommt, da sich diese Prophetie erfüllt, ist es wichtig, alle Ereignisse sorgfältig zu beobachten, die da geschehen« (Bremer). Der Prophet beschreibt in der Folge den Ort, an dem die »Hure« sitzt, und wendet sich der Erklärung der Doppelbedeutung der »sieben Hügel« (oder »sieben Berge«) zu, die »sieben Häuptern« gleichen, die wiederum »sieben Könige« darstellen.

Die Deutung der sieben Könige in Offenbarung 17 hat sich unter den Kommentatoren als schwierig erwiesen. Auch Siebenten-Tags-Adventisten sind darin keine Ausnahme. Ohne dogmatisch zu sein, möchte ich die folgende Erklärung versuchen, die gründlich durchdacht werden sollte. Der Prophet erwähnt sieben Könige, von denen fünf bereits gefallen sind. Einer von den sieben Königen existiert, und einer ist noch nicht gekommen. In Daniel 2 und 7 finden wir eine Beschreibung von vier aufeinanderfolgenden Reichen: Babylon, Medo-Persien, Griechenland und das heidnische Rom. Diese vier könnten die ersten vier Könige sein oder die ersten vier Häupter des »Tieres«. Auf das heidnische Rom folgt das päpstliche Rom, das fünfte »Haupt« oder »König« Nummer fünf. Dieses fünfte Haupt wird auch als »Tier« beschrieben, als das »erste Tier« in Offenbarung 13. Darin liegt nichts Ungewöhnliches; denn die vorhergehenden Könige werden auch als Tiere beschrieben. Wir erinnern uns, dass das »fünfte Haupt eine tödliche Wunde« empfing. Das geschah im Jahre 1798, als der Papst in Rom von der Armee Napoleons gefangengenommen wurde. Es scheint damit folgerichtig zu sein, dass vom zeitlichen Ablauf her Vers 10 frühestens an den Beginn des 19. Jahrhunderts gesetzt werden kann. Das wäre die Zeit der aufkommenden Adventbewegung. Es kann nicht übersehen werden, dass zu jener Zeit das »zweite Tier« aus Offenbarung 13 bereits auf dem Plan war: die Vereinigten Staaten von Amerika, die im Jahre 1776 ihre Unabhängigkeit erklärten. Diese Tatsache wird durch die Formulierung »einer ist« besonders hervorgehoben. Daraus kann man schlussfolgern, dass die USA das »sechste Haupt« sein müssen, dem das »Tier aus dem Abgrund« als Haupt Nummer sieben folgt. Wie bereits erwähnt, erschien das »Tier aus dem Abgrund« zum ersten Mal mit der Französischen Revolution im Jahre 1789; dann verschwand es wieder – und könnte in vollem Umfang im Jahre 1917 im Osten Europas wieder aufgetaucht sein. Zurzeit scheint es so, dass das »Tier« einem gewissen Wandel unterworfen wird, und das unter der Leitung der »Hure Babylon«, sodass sich die politisch-kirchliche Ungeheuerlichkeit, wie sie in diesem Kapitel beschrieben wird, entwickeln kann. Die »Hure« versucht, sich auf das »Tier« zu setzen, nicht auf das rote, sondern auf das scharlachfarbene. Das »Tier« müsste sich wandeln, um alle europäischen Nationen einzubeziehen.

Das »Tier aus dem Abgrund« erschien zum ersten Mal im Jahre 1789 mit der Französischen Revolution und ist möglicherweise im Jahre 1917 wiedererschienen, sodass acht Häupter zu zählen wären, die sich dann aber auf sieben reduzieren, weil zwei ein und dieselbe Macht oder Regierungsform repräsentieren.

Dieses »Tier« ist Gegenstand des Wachstums und der Entwicklung. Aber warum ist wahrscheinlich, dass Europa der Mittelpunkt der Aktionen des »furchtbaren und schrecklichen Tieres« (Daniel 7,7.19) ist? Einfach deshalb, weil die Gruppe von zehn jeweiligen Einheiten in den zehn Hörnern wieder erscheint. Wir stoßen auf diese Zahl in Daniel 2,41–42 sowie in Daniel 7,7.24, wo die zehn Hörner zum ersten Mal erwähnt werden. Die zehn Hörner beschreiben europäische Nationen, die aus dem heidnischen Rom entstanden. Es ist einleuchtend, dass das »Tier« aus Offenbarung 17 mehr als nur zehn Königreiche umfasst. Und es ist nicht weit hergeholt, wenn wir annehmen, dass es in Ergänzung die östlichen europäischen Nationen mit umfasst. Wir stellen außerdem fest, dass gemäß Vers 12 die Hörner keine Kronen mehr tragen, während sie in Offenbarung 13,1 noch Kronen hatten. Das deutet darauf hin, dass beim Aufbau der Staaten ein Wandel in den Regierungsformen eingetreten ist.

Dabei sind die »Hörner« keineswegs völlig im »Tier« aufgegangen, sondern bilden vielmehr eine Allianz, eine Partnerschaft; denn auch diese Allianz wird nur von kurzer Dauer sein. Es würde sonst der Prophezeiung in Daniel 2,43 widersprechen: »Sie werden nicht aneinander halten.« In anderen Worten, es wird kein vereintes Europa im Sinne einer Großmacht, wie zum Beispiel die USA heute, geben.

Das »Babylon« der Hure und das »Tier aus dem Abgrund« scheinen nichts gemeinsam zu haben. Das »Tier« trat zum ersten Mal mit der Französischen Revolution in Erscheinung. Dann verschwand es, um – wie wir wissen – im Jahre 1917 zur Zeit der russischen Revolution wieder aufzutauchen. Seit jener Zeit hat sich der Kommunismus mit seinem Atheismus verbreitet, bis ein Drittel der Erde davon erfasst wurde. »Babylon« war aber stets der größte Feind des Kommunismus. Die Identifizierung »Babylons« als das päpstliche System ist niemals auf Schwierigkeiten gestoßen. Mit dem »Tier aus dem Abgrund« war es anders. Wir müssen uns daran erinnern, dass diese zwei Mächte stets wie Feuer und Wasser zueinander standen. Die Heftigkeit und der verheerende Schaden, mit dem der Atheismus die Kirche im Jahr der Französischen Revolution 1789 bedrängte, bleiben unvergessen. Tausende von Priestern wurden getötet. Aber Rom vergisst niemals! Auch hat Rom die Verfolgung der Kirche im Verlauf der kommunistischen Herrschaft in Osteuropa nicht vergessen: den gewaltsamen Tod ihrer Priester, die Schließung Tausender von Kirchen in Russland, Polen, Ungarn und der Tschechoslowakei. Für den Führer der russischen Revolution, Lenin, war »Religion Opium für das Volk«. Mir persönlich wurde während meiner russischen Gefangenschaft von einem bolschewistischen Feldwebel, der mir die Bibel weggenommen hatte, gesagt, dass ich dieses Buch in Russland nicht nötig hätte. Dafür müsste ich eine andere »Bibel« lesen, nämlich jenes Buch, das von Lenin und Stalin geschrieben wurde.

Wie würde es jemals der »Hure« (Papsttum) möglich sein, sich auf das »Tier« (Kommunismus) zu setzen? Was meinte Ellen White, als sie schrieb: »Große Veränderungen werden sich bald in unserer Welt ergeben, und die Bewegungen zum Ende hin werden schnell sein«? Die Zeitschrift »Times« berichtete 1990, was Präsident George H. W. Bush damals über die neueste Entwicklung in Europa sagte: »Wir haben es mit einem geschichtlichen Wandel zu tun. Alles geht sehr, sehr schnell. Am Montag ahnten wir noch nicht, dass wir am Dienstag ein Abkommen haben würden« (Times, 26. Februar 1990, 12). Niemand erwartete jemals solch schnelle Veränderungen in der Welt, wie sie im Jahr 1989 vor sich gingen – unbemerkt gelenkt von einer meisterhaften Diplomatie des Vatikans mit Langzeitplanung. Hat es möglicherweise etwas zu bedeuten, dass der Beginn dieser Strategie des Papsttums mit der Wahl eines Papstes aus Osteuropa zusammenfiel, und zwar im Jahre 1978, dem Jahr der drei Päpste? Es darf daran erinnert werden, dass der Vorgänger von Johannes Paul II. plötzlich und nach nur wenigen Wochen Amtszeit starb. Die Wahl von Karel Woityla aus Polen kennzeichnete den Beginn einer neuen Ära im Katholizismus. Woityla war nach 450 Jahren der erste Nicht-Italiener, der den Papst-Thron einnahm. Am 16. Oktober 1978 wurde er gewählt und am 22. Oktober in sein Amt eingeführt. Beachten wir, was Paulus im 2. Thessalonicher 2,4 schreibt: »... dass er sich in den Tempel Gottes setzt und vorgibt, er sei Gott.« Der neue Papst, hoch gebildet und intelligent, mit großer Kenntnis der marxistisch-leninistischen Ideologie, zog in einer bisher nicht dagewesenen Weise durch seine Reisen in alle Welt die Aufmerksamkeit auf sich. Er besuchte auch die USA. Man jubelte ihm als »dem Mann des Volkes« zu. Er war für viele »der Papst für die Welt« und wurde bekannt als »der Botschafter des Friedens und des guten Willens« und als solcher von Unzähligen – gleichgültig, aus welcher Denkrichtung sie kamen – angenommen. Dieser Mann kannte den Kommunismus innen und außen aus erster Hand. Von Anfang an konnte er sich auf die Loyalität des katholischen Polens verlassen. Er war ein Sohn seines Landes. Die katholischen Polen sagten sich mehr und mehr vom kommunistischen System los und vertrauten ihrem so begabten Sohn, der nun im Vatikan regierte. Die äußere Toleranz für das kommunistische System setzten sie aus taktischen Gründen fort; aber die Zeit arbeitete für das Volk. Durch die vom Vatikan gesteuerte Politik entdeckten die Polen die Macht des Volkes. Wir erinnern uns an jene Entwicklung in Polen, als Lech Walesa und seine Mitarbeiter in der Danziger Schiffswerft siegessicher die Gewerkschaft »Solidarität« gründeten und sich dabei der Regierung und deren Bemühungen widersetzten, eine Änderung des kommunistischen Systems zu verhindern. Polen formierte sich in der »Solidarität«, mit der entsprechenden Rückendeckung von Rom. Zum ersten Mal wurde in der kommunistischen Geschichte ein Nicht-Kommunist Premierminister in Polen: der Publizist und Bürgerrechtler Thadeusz Mazowiecki. Die Politik des Papstes hatte sich in unerwarteter Weise ausgezahlt. Das war der Beginn einer europäischen Lawine. Ungarn war das nächste Land, das den schwindenden Einfluss des Kommunismus spürte. Auch dort begann der Umschwung in der katholischen Kirche. 60 Prozent der ungarischen Bevölkerung sind Katholiken. Sie erprobten Glasnost in einer bisher nicht gekannten Weise, indem sie den Stacheldrahtzaun an der österreichischen Grenze am 20. August 1989 einfach abbauten. Darauf machten sich Tausende von DDR-Urlaubern auf den Weg durch Österreich in den Westen. Nun ließ sich das Rad der Geschichte, das sich in schicksalhafter Weise immer schneller drehte, von niemandem mehr anhalten. Die Ereignisse erreichten Dimensionen, wie sie sich niemand in seinen kühnsten Träumen hätte vorstellen können. Politiker, Staatsmänner und Beobachter waren sprachlos vor Staunen.

Den ganzen Monat September strömten DDR-Flüchtlinge nach Ungarn. Die dortige Regierung verletzte ihre Verträge mit dem Osten und öffnete ihre Grenzen, sodass Tausende ungehindert in den Westen weiterreisen konnten, sogar viele in ihren eigenen Autos. In langen Kolonnen rollten sie mit ihren »Trabants« in eine unbekannte Zukunft, in Westdeutschland zumeist freundlich aufgenommen und vorerst gut versorgt. Als daraufhin die DDR-Regierung ihre Erlaubnis für Reisen nach Ungarn zurückzog, drängten sich die Flüchtenden in Massen in die Tschechoslowakei, um Schutz in der westdeutschen Botschaft in Prag zu suchen. Die übergroße Zahl der Flüchtlinge machte die DDR-Regierung ratlos. Dazu kam die bevorstehende 40-Jahr-Feier der DDR, zu der auch der sowjetische Präsident Michail Gorbatschow eingeladen war. Schließlich entschied sich die DDR dazu, den Flüchtenden in der Prager Botschaft die Ausreise in die Bundesrepublik zu erlauben. Als die Züge durch Dresden rollten – die kommunistische Regierung hatte auf der Durchfahrt durch die DDR bestanden –, verstopften Tausende von Menschen den Bahnhof und versuchten, auf die schon überfüllten Züge zu springen. Zur gleichen Zeit kam es zu weiteren Massendemonstrationen in Leipzig, die am Rande der Friedensgebete der evangelischen Kirchengemeinde St. Nikolai ausgingen.

Dann folgte die 40-Jahr-Feier der DDR in Berlin. Es war eine Demonstration militärischer Stärke, ein »Säbelrasseln«, eine Trotzhandlung gegenüber dem Schicksal – ein Versuch, sich dem Druck der Auflösung entgegenzustemmen. Es war die letzte Parade des zweiten deutschen Staates. Erich Honecker, scheinbar Ostdeutschlands starker Mann, rühmte sich, dass er und die DDR niemals eine Änderung erfahren und die Berliner Mauer noch 100 Jahre bestehen würde. Zwölf Tage später, am 18. Oktober 1989, war Honecker abgesetzt. Die Macht war über Nacht auf die demonstrierenden Massen übergegangen, das heißt, sie diktierten gewissermaßen der neuen Regierung die zu unternehmenden Schritte. Im Tauziehen mit der Staatssicherheit und der Polizei hatten sie in Sprechchören gerufen: »Wir sind das Volk!« Obwohl von der neuen Regierung weitreichende Reformen versprochen wurden, hörten die Demonstrationen nicht auf. Währenddessen verließen immer noch Tausende die DDR. Es war Michail Gorbatschow, der zuverlässigen Quellen zufolge die Deutschen anwies, die Grenzen zu öffnen. So fiel am 9. November 1989 die Berliner Mauer, genau 27 Tage nach Honeckers Abgang, der 28 Jahre zuvor dieses Monstrum hatte errichten lassen.

In kurzen Abständen folgten die nächsten Ereignisse: Die tschechoslowakische Regierung wurde gestürzt und eine neue eingesetzt. Der neuernannte Außenminister hatte eine Woche zuvor noch Kohlen geschaufelt, und Vaclav Havel, ein Schriftsteller, der wegen seiner unermüdlichen Stellungnahme gegen die Ungerechtigkeit der kommunistischen Regierung eingesperrt war, wurde Staatspräsident.

Dann folgte Bulgarien mit einem Regierungswechsel. Die Führer der harten kommunistischen Linie wurden versetzt. – Unter den östlichen Satellitenstaaten hielt sich noch Rumänien unter dem Regime von Nicolae Ceausescu, der der »Idi Amin« des Kommunismus genannt wurde, weil Grausamkeiten gegen die Bevölkerung an der Tagesordnung waren. Aber die Flutwelle von Perestroika und Glasnost konnte auch in Rumänien nicht mehr aufgehalten werden. Bei seiner

Rückkehr von einer Reise in den Iran kurz vor Weihnachten 1989 sah Ceausescu sich einer Rebellion in der Hauptstadt Bukarest gegenüber. Studenten schrien ihn nieder; und als er befahl, das Feuer auf die Menge zu eröffnen, wandte die Armee ihre Waffen gegen ihn selbst. Das war der Anfang vom Ende jenes grausamen Diktators. Er und seine Frau Elena wurden am 25. Dezember 1989 hingerichtet. Auf diese Weise fand die allgemein friedliche Revolution, die Europa und damit die Welt so veränderte, doch noch einen blutigen Abschluss.

Die Geschichte der Revolution in Osteuropa im Herbst 1989 wäre nicht vollständig, wenn nicht auf das vielleicht bedeutsamste Ereignis hingewiesen würde, vom prophetischen Wort her betrachtet: das historische Treffen zwischen Michail Gorbatschow und dem Papst im Vatikan im Dezember 1989. Als Gorbatschow Papst Johannes Paul II. traf, drängte sich die Frage auf, ob es sich nicht um den ersten Versuch der »Hure« handeln könnte, das »Tier« zu besteigen. Über die weitreichende Auswirkung eines solchen Treffens kann es keinen Zweifel geben. Es war nur durch die neue Politik von Perestroika und Glasnost möglich geworden. Sie bedeutet einen völligen Wandel in der Politik des »Tieres aus dem Abgrund«, aber keineswegs dessen Ende. Es ist aufschlussreich, festzustellen, wie Gorbatschow selbst diese ganze neue Entwicklung sah und was er unter den Begriffen Glasnost und Perestroika verstand. Betreffs des Kommunismus meinte er, dass die sozialistichen Länder, nachdem sie die Straße radikaler Reformen eingeschlagen hätten, eine Linie überschritten, bei der es kein Zurück mehr gebe. Trotzdem sei es falsch zu behaupten, wie es im Westen getan werde, dass damit der Sozialismus als solcher am Ende sei. Im Gegenteil, diese Vorgänge bedeuteten, dass der sozialistische Prozess in der Welt eine weitere Entwicklung in einer Vielfalt von Formen durchlaufe. Es solle den Experten in der antikommunistischen Propaganda überlassen sein, sich über den »Triumph des Kapitalismus« im Kalten Krieg zu freuen.

Er habe den Anspruch aufgegeben, ein Monopol auf die Wahrheit zu beanspruchen. Es könne nicht so sein, dass Kommunisten stets im Recht seien und dass es nicht zwangsläufig Feinde seien, die nicht mitjubelten. Er wolle auf der Grundlage der Freiheit und der freien Entscheidung Politik ausüben und die Kultur durch den Dialog und durch die Übernahme wichtiger Errungenschaften weiterentwickeln.

Zu Europa bemerkte er, dass Europa als ein ›Commonwealth‹, eine Gemeinschaft souveräner, demokratischer Staaten mit einem hohen Grad fairer wechselseitiger Abhängigkeit und mit leicht zu überschreitenden Grenzen zu sehen sei, sodass Produkte, Technologien und Ideen ausgetauscht werden könnten und weitreichende Kontakte unter den Völkern entstünden. Die Achtung der nationalen, geistigen und Kulturellen Identität eines Volkes sei eine unverzichtbare Voraussetzung für eine positive internationale Atmosphäre, mit der Europa und die Welt die geschichtliche Wasserscheide überschreiten müsse, um ein neues Zeitalter des Friedens zu erreichen.

Über die Religion sagte er: »Wir brauchen geistliche Werte. Wir brauchen eine Revolution des Geistes. Das ist der einzige Weg, um zu einer neuen Kultur und zu neuer Politik zu gelangen, mit denen wir den Herausforderungen unserer Zeit begegnen können. Wir haben unsere Haltung gegenüber einigen Fragen geändert, wie zum Beispiel gegenüber der Religion, die wir zugegebenermaßen in einer simplen Weise zu behandeln pflegten ... Wir nehmen jetzt nicht mehr an, dass jemand sich in Dinge des persönlichen Gewissens einmischen sollte, sondern wir sagen, dass die moralischen Werte, die die Religion hervorbrachte und seit Jahrhunderten bewahrt, auch in unserem Lande bei dem Werk der Erneuerung helfen können. Menschen der verschiedensten Bekenntnisse, Christen, Moslems, Juden, Buddhisten und andere, leben in der Sowjetunion. Alle haben sie ein Recht darauf, ihre geistlichen Bedürfnisse zu pflegen« (»Times« 11. Dezember 1989, 370).

Die Welt stand staunend vor dieser Entwicklung. Ist es nicht das, was in Offenbarung 17,8 beschrieben ist: »... und es werden sich wundern, die auf Erden wohnen, deren Name nicht geschrieben steht von Anfang der Welt in dem Buch des Lebens, wenn sie sehen das Tier, dass es gewesen ist und nicht ist und wieder sein wird?«

Hinter uns liegen die sich überstürzenden Ereignisse, die vor allem durch den Golfkrieg und die Entwicklung in Osteuropa einem weiteren beängstigenden Höhepunkt zustrebten. Umso mehr müssen wir offen sein für die Veränderungen, die Gott bei der Erfüllung vieler Einzelheiten des prophetischen Wortes noch offenbaren wird.

Jetzt wollen wir unsere Aufmerksamkeit auf Offenbarung 17,12.13 lenken. Hier wird eine Entwicklung angedeutet, die alle gegensätzlichen Strömungen und Ideologien in Europa unter einen Hut bringt. Es ist ein Hinweis auf die Vereinigung politischer Machtinteressen der »Zehn Hörner« (Westeuropa) und des »Tieres« (aufgelöster Ostblock) zu einer völlig neuen politischen Konstellation.

Es geht um die Zusammenarbeit der »Zehn Hörner«-Reiche mit dem östlichen Teil Europas, die unter dem System des Bolschewismus unmöglich war, doch heute Realität geworden ist. Anders kann man die Entwicklung Europas in den letzten 20 Jahren kaum erklären

Angesichts dieses Schriftabschnitts sollten wir mit Aufmerksamkeit die weitere Entwicklung in Europa verfolgen. Der Text weist auf den schnellen Aufbau einer neuen Ordnung hin. Gleichzeitig wird betont, dass die neue Ordnung der Dinge nur eine kurze Zeit Bestand haben wird (»eine Stunde«). Dem »Tier Macht und Stärke zu geben« müsste dann bedeuten, dass man allseitig mit dieser Politik einverstanden ist.

Doch nun zu einem anderen bemerkenswerten Ereignis, das sich nach Offenbarung 17,16 vollziehen muss. Hier wird auf einen unerwarteten Wandel hingewiesen – einen Wandel, der die Beziehungen zwischen dem »Tier-Horn«-Bereich und der »Hure« beeinflussen wird, die bislang die Führung innehatte: Sie wird abgeworfen, so, wie ein Reiter von einem wilden Pferd abgeworfen wird. Die Frage ist: Wann geschieht das? Und auf welche Weise? Die Antwort: Die Urteile Gottes brechen über die »Hure« herein. Dazu benutzt Gott jene Mächte, die sich so sicher und geborgen mit ihren schlauen politischen Schachzügen gefühlt hatten. »Tier« und »Hörner«, die europäischen Mächte, werden zu Instrumenten der Zerstörung der »Hure«. Ihre Vernichtung wird ohne Zweifel von den politischen Mächten einstimmig beschlossen werden. Die Bibel sagt unmissverständlich, dass es sich dabei nicht um ein sanftes »Zur Ruhe-Legen« der »Hure« handelt, sondern um eine gewaltsame Zerstörung: »… sie werden ihr Fleisch essen und werden sie mit Feuer verbrennen.« Könnte darin vielleicht ein Anzeichen gesehen werden, dass die Regierungen den enormen und durch zwei Jahrtausende hindurch angesammelten Reichtum der »Hure« übernehmen, um ihn unter die Armen zu verteilen? Auf jeden Fall wird die Zerstörung vollständig sein: »... und werden sie mit Feuer verbrennen.« Ihr weltweiter Einfluss wird für immer dahin sein. Der Text in Offenbarung 17,16 und 17 stellt klar, dass das Verderben der »Hure« bestimmt ist und in aller Entschiedenheit und Klarheit von Gott vorausgesagt wurde.

Die folgenden Ereignisse werden, sofern sie in ihrer chronologischen Folge gesehen werden, in Offenbarung 17,14 näher beschrieben. Das Ergebnis der Kriegserklärung gegen das »Lamm« (Jesus Christus) war zweifellos von der »Hure« ausgeklügelt worden, während sie noch auf dem »Tier« thronte. Der Kampf gegen das »Lamm« ist der Kampf gegen Gottes Volk der Übrigen. So war es schon in den vergangenen Jahrhunderten, und so wird es bis zum Ende der Zeiten sein. Denn alle prophetischen »Tiere«, die Regierungen der Welt, und die »Hure Babylon« haben die Gemeinde Gottes verfolgt. In der letzten Verfolgung wird das »Tier« noch einmal seinen wahren Charakter offenbaren. Es gibt eine Fülle von Aussagen aus der Feder von Ellen G. White, die diese Tatsache bestätigen.

Keine Strategie, und wäre sie noch so raffiniert ausgeklügelt, wird zum Erfolg führen, weil das »Lamm« alle Kräfte des Bösen überwinden wird. Wie soll das geschehen? Die Antwort wird uns in Offenbarung 6,12–17 gegeben: durch das Kommen des Herrn. Die Tatsache, dass Christus wiederkommt, wird für alle Menschen so überraschend sein wie ein Schock. Sie hatten niemals geglaubt, dass sein Kommen Wirklichkeit werden könnte. Sie werden verzweifeln. Sie werden nicht mehr wissen, was sie tun und wohin sie fliehen sollen. Alles, was sie noch denken können, ist: »Fallet über uns, ihr Felsen, und verberget uns vor dem Angesichte des, der auf dem Thron sitzt, und vor dem Zorn des Lammes!« Auf diesen Zorn hat Jesus schon hingewiesen, als er sagte: »Und wer auf diesen Stein fällt, der wird zerschellen; auf wen er aber fällt, den wird er zermalmen« (Matthäus 21,44).

8. »Gehet aus von ihr, mein Volk!«

Jetzt wenden wir uns noch einmal der »Hure Babylon« zu. Dazu lesen wir Offenbarung 18. Doch zuvor wollen wir unsere Aufmerksamkeit auf den einleitenden Abschnitt dieses Kapitels richten. Hier finden wir Gottes letzte Warnung an die Menschheit durch einen mächtigen Engel: »Gehet aus von ihr, mein Volk, dass ihr nicht teilhaftig werdet ihrer Sünden, auf dass ihr nicht empfanget etwas von ihren Plagen!« (Offenbarung 18,44). Diese Mahnung wird kurz vor Abschluss der Gnadenzeit gegeben. Gnadenzeit ist der Abschnitt, in dem noch Gelegenheit ist, Gott zu suchen und zu finden. Danach gibt es für keinen Menschen mehr eine Möglichkeit dazu. Diese feierliche Botschaft in Offenbarung 18,4 muss der Zerstörung der »Hure Babylon« vorausgehen, wie sie in Offenbarung 17 beschrieben wird. Das Bild des Engels, der vom Himmel herniederkommt und die Erde mit seiner Klarheit erleuchtet, stellt eine Bewegung dar, die die Menschheit aufrüttelt, damit sie den wahren Charakter der »Hure« erkennt und die Folgen ihrer Handlungen und ihres Verhaltens begreift. Aufrichtige und nachdenkende Menschen sollen dadurch veranlasst werden, »Babylon« zu verlassen, das heißt alle abgefallenen Kirchen. Ein derartig aufrüttelnder Ruf, die Kirche wegen ihres Abfalls von Gott zu verlassen, hat sein geschichtliches Vorbild in der Miller-Bewegung im Jahre 1843. Jener Ruf hatte allerdings in der damaligen Zeit nur lokale Bedeutung in den Vereinigten Staaten. Aber diesmal wird der Ruf global ergehen. Der Grund zum Verlassen »Babylons« wird erneut in Offenbarung 17,5 unterstrichen: Ihre (»Babylons«) Sünden reichen bis in den Himmel! Es gibt keine andere Möglichkeit: Die Gerichte Gottes müssen nun über

»Babylon« hereinbrechen. Das Prinzip von Saat und Ernte wird sich bewahrheiten und »Babylon« zu Boden werfen. Die »Hure« selbst scheint sich der auf sie zukommenden Ereignisse nicht bewusst zu sein. Es wird gesagt, dass das Urteil und die Vollstreckung schnell und verheerend vor sich gehen werden. Gott tut nichts zufällig, auch nicht sein Gerichthalten.

Ein ganzer Abschnitt in Offenbarung 18 – nämlich die Verse 9 bis 19 – dient der Beschreibung der beispiellosen Klage über die Zerstörung »Babylons«. Diese Elegie gilt vor allem dem Verlust der materiellen Vorteile, die die »Hure« ihren »Liebhabern« verschaffte und mit denen sie die Menschen und ganze Völker verführte. Sie hatte eine solche Fülle materiellen Reichtums angehäuft und ihre Geldkästen gefüllt, dass die am Überfließen waren. Die Beschreibung der lamentierenden Könige ist ebenfalls bemerkenswert (Offenbarung 18,9 und 10). Sie »stehen von ferne«, was soviel heißt, dass Europa der Schauplatz des Geschehens sein muss.

Die Formulierung in Vers 10: »... in einer Stunde ist dein Gericht gekommen«, bedeutet, dass dieses Urteil so rasch über »Babylon« hereinbrach, dass es alle unvorbereitet traf. Dadurch wird unterstrichen, dass in der Tat »die letzten Entwicklungen am Ende der Tage sehr schnell sein werden«, wie Ellen White es vorhergesagt hat.

Es ist fast unbegreiflich, dass klar und nüchtern denkende Menschen der göttlichen Empfehlung, »Babylon« zu verlassen, nicht nachkommen, sich sogar bewusst weigern, selbst wenn die letzten Ereignisse jene Aufforderung bestätigen. Es besteht kein Zweifel daran, dass am Ende der Tage die Klarheit des prophetischen Wortes von allen Menschen erkannt wird. Niemand wird sich der Wahrnehmung dieses Aufrufs entziehen können; aber jedermann wird für sich selbst entscheiden müssen, ob er dieser Aufforderung nachkommt. Die Welt bewegt sich sehr schnell auf den Zeitpunkt zu, da dieser letzte Ruf ergehen wird. Die Ereignisse in Europa sind dafür eine bedeutsame Bestätigung.

Als Volk Gottes müssen wir uns darauf vorbereiten, die Autorität des prophetischen Wortes zur Geltung zu bringen. Wir müssen unsere furchtsame Zurückhaltung ablegen und, wo immer es möglich ist, darauf hinweisen, dass das prophetische Wort nicht in erster Linie eine Aufzählung und Beschreibung geschichtlicher Ereignisse ist, sondern vielmehr eine Darstellung und Erklärung der Pläne eines liebenden Gottes für die Menschen im Allgemeinen und für das Volk Gottes – hier liebevoll »mein Volk« genannt – im Besonderen. Die göttliche Weissagung für die Endzeit versorgt alle treuen Gläubigen mit der großen Hoffnung, die sie auf stetem Kurs inmitten des Auf und Ab menschlicher Schicksale und politischer Unsicherheit hält.

Es ist für jeden Christen wichtig, sich nicht von Gefühlen tragen zu lassen, wenn von hochgespannten Hoffnungen und erhabenen Idealen hinsichtlich einer Bekehrung der Welt die Rede ist oder wenn in politischen und religiösen Kreisen von Frieden, Freiheit und Sicherheit gesprochen wird. So gut und wünschenswert all diese Ziele auch sein mögen, so sind sie doch utopisch für alle jene, die auf die baldige Wiederkunft Jesu Christi warten. Es ist erstaunlich, dass manche Staatsmänner, Philosophen und Denker unserer Tage die gegenwärtige Situation als lobenswert bezeichnen. Was erwartet man? Sicher ist, dass weder Gorbatschow noch Bush wussten, in welchen geschichtlichen Epochen wir uns auf diesem Planeten gerade bewegen. Die revolutionären Ereignisse unserer Tage spielen sich für das menschliche Begriffsvermögen zu schnell ab. Das musste auch George Bush zugeben, als er mit dem damaligen deutschen Bundeskanzler Helmut Kohl eine Pressekonferenz abhielt: »Wer war so klug, dass er vor einem Jahr den ganzen Wandel hätte voraussagen können?« (TV-Interview am 25. Februar 1990).

Die Ereignisse und Entwicklungen in unseren Tagen werden in der Heiligen Schrift dargestellt. Sie weisen auf das Telos, das Ende, hin, auf die buchstäbliche Wiederkunft Jesu Christi. Und Christus erwartet, dass wir die Aufmerksamkeit unserer Mitbürger auf diese Tatsache lenken.

Wir müssen als Volk Gottes die Ereignisse beobachten, die Menschen warnen und jede Gelegenheit wahrnehmen, durch alle Türen zu schreiten, die der Herr uns in wunderbarer Weise öffnet. Gegenwärtig geöffnete Türen können aber morgen schon wieder geschlossen sein, vor allem, wenn die »Hure« wieder fest im Sattel sitzt und den Nationen ihre Handlungen gegen Gottes Volk diktieren wird. Und sie wird es tun, denn Verfolgung ist für »Babylon« ein altes, effektives Mittel. Die Heilige Schrift hat es vorausgesagt. Ellen White hat ebenfalls die letzte, noch ausstehende Verfolgungswelle ausführlich beschrieben. Doch an einem kann kein Zweifel bestehen: Jesus Christus, unser Herr, kommt bald wieder! Alle Ereignisse, die in unseren Tagen in atemberaubender Schnelligkeit geschehen, deuten darauf hin!

Bei all diesen sich überstürzenden Veränderungen, die wir Tag für Tag verfolgen, müssen wir uns selbst zwei Fragen stellen: In welchem Zusammenhang stehen sie mit der Botschaft von der baldigen Wiederkunft unseres Erlösers? Gehören diese Ereignisse zu den Dingen, die Jesus hier ankündigt: »Wenn aber dieses anfängt zu geschehen, so sehet auf und erhebet eure Häupter, darum dass sich eure Erlösung naht?« (Lukas 21,28).

Prophetie zeigt Entwicklungen auf. Darum ist es für jeden Christen unserer Tage wichtig, das politische und religiöse Machtspiel in dieser Zeit zu durchschauen, das moderne »Babylon« zu erkennen und Gott zu fragen: »Herr, was willst du, dass ich tun soll?« Die göttliche Antwort lautet: »Geht aus von ihr, mein Volk, dass ihr nicht teilhaftig werdet ihrer Plagen.«

Das Hauptanliegen von Offenbarung 18, Gottes letzter Warnung an die Menschheit, ist, sich bewusst und entschieden von allen Scheinreligionen loszusagen und sich mit denen zu vereinen, die allein das Wort Gottes als ihre Richtschnur betrachten, die auf die Wiederkunft Jesu warten und sich darauf vorbereiten.

Auf Jesus zu warten, sich auf seine Wiederkehr vorzubereiten und das weltweit zu verkündigen, ist Aufgabe und Auftrag der Adventgemeinde in der Welt.

9. Exkurs: Der Geist der Weissagung

Es gibt nicht wenige Siebenten-Tags-Adventisten, die recht zurückhaltend sind, wenn es darum geht, zuzugeben, dass sie innerhalb ihrer Reihen eine Prophetin hatten. Was ist die Ursache dafür? In den meisten Fällen liegt der Grund darin, dass man nicht mit Ursprung und Geschichte der Adventgemeinde vertraut ist. Ebenso kann es auf einem Missverständnis oder einer irrtümlichen Auffassung der erfüllten Prophetie betreffs 1844 beruhen. Das richtige Verständnis jener prophetischen Erfüllung ist jedoch grundlegend für die Existenz der Adventgemeinde. Erst durch das neu ins Leben gerufene prophetische Amt im Jahre 1844 kam Licht und Klarheit in das geistliche Durcheinander von Auffassungen jener Zeit. Dies geschah dank der Liebe und Gnade Gottes, der es für notwendig hielt, das prophetische Amt noch einmal nach einer fast 2000-jährigen Pause zu besetzen. Was war der Grund dafür? Eine Gemeinde sollte geformt werden, die die letzte Gnadenbotschaft Gottes an die Welt, und dies global, verkündigen sollte.

Ellen-G.-Whites Schrifttum lesen und studieren

Meiner Auffassung nach, würde sich das Christsein vieler Adventgläubiger anders darstellen, wenn sie die Gabe des Geistes der Weissagung annehmen könnten und die Schriften von Ellen G. White als von Gott geschenkt akzeptierten und intensiv studierten. Es gäbe nicht mehr so viele unnütze Fragen, Spitzfindigkeiten oder Zweifel, sondern sie würden ihren Auftrag kennen und ihrer Verantwortung einer untergehenden Welt gerecht werden: Menschen zu warnen und auf die bevorstehende Wiederkunft Jesu Christi hinzuweisen. So würden Auftrag und Leben untrennbar zusammengehören.

Brennpunkt Eschatologie

Ellen G. White hat ein umfangreiches Vermächtnis für dieAdventgemeinde hinterlassen, besonders hinsichtlich prophetischer Voraussagen und deren Erfüllung. Es gibt einige Bücher aus ihrer Feder, die eschatologische Ereignisse behandeln. Viele davon sind einer Anzahl von Gemeindegliedern noch nicht einmal bekannt. Dies trifft jedoch für die wichtigsten Voraussagen über Ereignisse innerhalb und außerhalb der Gemeinde nicht zu. Ebenso sind Vorgänge auf dem Gebiet der Staatsführung und der Politik prophetisch erläutert worden. Zweifellos wird im Schrifttum von Ellen G. White auch etwas zu finden sein, das uns persönlich angeht und auch Botschaften an die Adventgemeinde in unserer Zeit enthält.

Zwei voneinander unabhängige Quellen formten die Gemeinde

Zuerst einmal sei an dieser Stelle darauf hingewiesen, wie bedeutungsvoll prophetische Inspiration in der apostolischen Gemeinde war. Das hat Paulus unterstrichen, als er den Galatern gegenüber betonte:»Das Evangelium, das von mir gepredigt ist, ist nicht menschlicher Art. Denn ich habe es von keinem Menschen empfangen noch gelernt, sondern durch eine Offenbarung Jesu Christi« (Galater 1,11–19).

In der Tat, wir können nicht umhin festzustellen, dass die frühe christliche Gemeinde durch zwei voneinander unabhängige Quellen entstand: zuerst einmal durch die geschichtliche Quelle, die von den Jüngern verkörpert wurde, denn sie hatten dreieinhalb Jahre mit dem Herrn verbracht. Zum andern entstand die Gemeinde durch die Quelle der unmittelbaren Offenbarung, die im Leben und Dienst des Apostels Paulus deutlich wurde. Er empfing alle Erkenntnisse durch Offenbarung, die Jesus Christus ihm zuteilwerden ließ. Was finden wir, wenn diese beiden Quellen sich miteinander verbinden? Völlige Übereinstimmung! Es gibt nichts Widersprüchliches zwischen den beiden voneinander unabhängigen Quellen, die sich vielmehr gegenseitig ergänzen. Eine ganz ähnliche Entwicklung erkennen wir bei der Entstehung der Adventgemeinde. Wir unterscheiden auch hier zwischen einer Geschichts- und einer Offenbarungsquelle. Erstere vertreten durch Hiram Edson, William Miller und der Erfüllung der Prophezeiungen: dem Auslaufen der 2300 Jahr-Tage. Nach der großen Enttäuschung konsolidierte sich die geschichtliche Gruppe mit Hiram Edson. Sie empfingen Anweisungen zum Studium der Heiligen Schrift, um vor allem die Bedeutung des Heiligtums richtig zu verstehen. Danach folgte die Berufung von Ellen G. White zur Prophetin. Hier erkennen wir die zweite, die Offenbarungsquelle, die durch Paulus in der Urgemeinde dargestellt wurde. Mit Erstaunen und Bewunderung stellen wir fest, dass Ellen G. White kaum menschliche Befähigungen für solch eine wichtige Aufgabe mitbrachte. Sie hatte keinen Doktortitel, sondern nur eine geringe Schulbildung, auch kein hohes gesellschaftliches Ansehen oder sonstige Eigenschaften, die eine solche Berufung gerechtfertigt hätte.

Die große Herausforderung: Predige das Wort!

Es lässt sich auch noch eine andere Parallele zur Urgemeinde finden, auf die hingewiesen werden soll. Paulus, der Apostel, gab Anordnungen und Weisungen für die Verkündigung des Evangeliums: »Predige das Wort!« Ganz ähnlich war es, als die Adventgemeinde entstand: Gott gab ihr den Auftrag, das Wort zu predigen und die Aufgabe zu erfüllen, die Gott gerade dieser Gemeinschaft übergab: das Evangelium überall, in der ganzen Welt, zu verkündigen. Es ist das wiederhergestellte Evangelium, das in Offenbarung 14 das »ewige Evangelium« genannt wird, das unveränderliche Evangelium, in dem alle biblischen Lehren enthalten sind. Die Lehren der neutestamentlichen Gemeinde mussten der neu entstandenen Bewegung in Lehre und Leben gleich sein – ohne Abstriche. Dies ist der tiefere Sinn, welcher der prophetischen Berufung von Ellen G. White zugrunde lag.

Elf Merkmale des Dienstes von Ellen G. White

Meiner Meinung nach gäbe es keine Gemeinschaft der Siebenten-Tags-Adventisten, wenn Gott nicht für eine starke geistliche Führung und Einflussnahme durch das Leben und den Dienst von Ellen G. White gesorgt hätte. Im Folgenden sollen elf Merkmale angeführt werden, die Ellen Whites Dienst kennzeichnen: Sie öffnete sich Gottes Auftrag und fühlte sich verantwortlich für den Kampf gegen den Fanatismus in der Zeit von 1844/45, ebenfalls für die Wiederentdeckung verschütteter biblischer Lehren sowie eine neue Gemeindeorganisation. Das Gleiche galt für die Gesundheitslehren. Wie revolutionär diese waren, können wir erst heute ermessen, nachdem die moderne Wissenschaft ihren Wert viele Male bestätigt hat. Einen Auftrag sah sie in der Gründung von medizinischen Einrichtungen, wofür Loma Linda ein typisches Beispiel ist; die Berichtigung lehrmäßiger Irrtümer, die Forderung der Außenmission (sie selbst verbrachte elf Jahre als Missionarin in Übersee); die Reform der Gemeindeorganisation um die Jahrhundertwende sowie für die Erklärung des Abfalls zu Beginn des 20. Jahrhunderts, der sie Einhalt gebot. Außerdem war Ellen G. White maßgeblich daran beteiligt, auf die größte Aufgabe der Gemeinde hinzuweisen: auf die Evangelisation. Es ist bekannt, dass sie einmal einen Vorsteher der Generalkonferenz zurechtwies, der den Anweisungen betreffs Evangelisation nicht gefolgt war. Ellen G. White wollte ihn nicht einmal mehr empfangen. Obwohl das als recht autoritär erschien, begriff Arthur G. Daniells die Botschaft. Er führte bald danach eine Evangelisation in New York City durch – und Ellen G. White empfing ihn kurze Zeit später. Als letztes Merkmal der Verantwortlichkeit sei auf die Erklärung hingewiesen, die Ellen G. White wiederholt betonte, und zwar dass die Adventgemeinde die Endgemeinde ist; es wird keine andere, nachfolgende Gemeinde mehr geben. Sie wird bis zum Ende der Zeiten bestehen bleiben. Auch wenn manche dem Gedanken Raum geben, Gott könnte eine neue Gemeinde ins Leben rufen, so sind wir gerade durch die Aussagen Ellen G. Whites gewiss, dass es keine weitere Gemeinde mehr geben wird, selbst wenn diese letzte Gemeinde durch große Probleme und Prüfungen gehen wird, was aber niemanden berechtigt, der Gemeinde den Rücken zu kehren.

Wir alle sind die Gemeinde

Es muss anerkannt werden, dass jeder Einzelne von uns Teil der Adventgemeinde ist. Wenn wir sie kritisieren, sollten wir bedenken, dass wir auch dazugehören. Wenn wir aktiv am Leben der Gemeinde beteiligt sind, werden wir sie weder von außen her beurteilen noch passive Mitläufer sein, sondern ihr als lebendige Bausteine dienen. Ellen G. White hat folgende Sätze geprägt: »Es wird so aussehen, als ob die Gemeinde fällt; aber da fällt nichts. Sie bleibt bestehen, während allerdings die Sünder in Zion ausgesichtet werden, das heißt, die Spreu wird vom kostbaren Weizen getrennt. Diese Heimsuchung muss stattfinden« (ABC VII, 911). Das bedeutet für mich einen großen Trost, besonders wenn ich von Geschehnissen in der Gemeinde erfahre, die mich traurig machen. Mein Vertrauen zur Gemeinde ist unerschütterlich, weil derartige inspirierte Aussagen von Ellen G. White meine Überzeugung festigen, dass diese Gemeinde Gottes Gemeinde bis zum Ende der Zeiten ist.

Neue Machtbefugnisse des »kleinen Horns«

Es ist bekannt, dass Ellen G. White in ihrem eschatologischen Schrifttum als Hauptanliegen die Weissagungen über das Wiedererstarken der päpstlichen Macht behandelt. Und das führt uns zu unserem Hauptthema zurück, das ja auch das Hauptanliegen der biblischen Eschatologie ist: die Erneuerung der päpstlichen Macht, der Macht des »kleinen Horns«, das Heilwerden jenes Hauptes mit der tödlichen Wunde des ersten Tieres aus Offenbarung 13, oder die Zurschaustellung des Ruhmes und der Pracht der »Hure«, die auf dem Tier aus Offenbarung 17 reitet. Alles das gehört zum gleichen Thema. Jetzt können wir in den jüngsten Ereignissen eine bemerkenswerte Erfüllung der Weissagung erkennen, und zwar ganz besonders in Verbindung mit den Ereignissen, die über Europa im zweiten Teil des Jahres 1989 hinwegfegten. Wir wissen, dass diese Bewegung gegenwärtig noch nicht zum Abschluss gekommen ist. Wir wollen diese Geschehnisse ein wenig näher beleuchten.

USA – eine einzigartige Macht in unserer Zeit

In den letzten Jahrzehnten bemerkten wir die Polarisierung zweier Mächte: der Vereinigten Staaten von Amerika auf der einen Seite und der Sowjetunion, die den Weltkommunismus propagierte, auf der anderen Seite. Beide Mächte wurden von Ellen G. White beschrieben, nachzulesen in ihrem Schrifttum. In Verbindung mit den Vereinigten Staaten stieß ich auf folgende Aussage: »Der Herr hat für die Vereinigten Staaten mehr als für irgendein anderes Land getan, das von der Sonne beschienen wird. Hier stellte er einen Zufluchtsort für sein Volk zur Verfügung, wo seine Kinder ihn ihrem Gewissen entsprechend anbeten könnten. Hier konnte das Christentum in Sicherheit blühen und gedeihen. Hier wurde die lebenspendende Lehre vom Mittler zwischen Gott und Menschen in Freiheit verbreitet. Gott hat vorgesehen, dass dieses Land für immer frei sein sollte für alle Menschen, um ihn entsprechend dem Befehl des eigenen Gewissens zu verehren. Er bestimmte, dass die bürgerlichen Institutionen in ihrer fortschrittlichen Entwicklung die Freiheit als ein Vorrecht des Evangeliums darstellen sollten« (Manuskripte 17, 1906; Maranatha 193).

Bemerkenswert ist, dass in der Zeit, in der Ellen G. White diese Aussage traf, die Vereinigten Staaten politisch noch keine wichtige Rolle spielten. Heute allerdings können wir die Bedeutung dieser tiefgreifenden Äußerung begreifen und müssen anerkennen, dass sie den Tatsachen entspricht. Das Beispiel der Vereinigten Staaten ist einzigartig. Es ist eine Nation, die mit keiner anderen Nation in der Geschichte der Welt vergleichbar ist, mit Ausnahme vielleicht des jüdischen Volkes in seinen Anfängen. Doch das einstige Volk Gottes enttäuschte den Herrn zutiefst. Wir erinnern uns daran, dass die Weissagung für die Vereinigten Staaten sich des Bildes des zweiten Tieres in Offenbarung 13 bedient. Auch unsere Glaubensväter identifizierten das zweite Tier in Offenbarung 13 mit den Vereinigten Staaten von Amerika.

Der Kommunismus entsprang dem Abgrund

Es war Ellen G. White, die das »Tier aus dem Abgrund« in Offenbarung 11 mit der Französische Revolution gleichsetzte. Sie widmet diesem

Geschehen ein ganzes Kapitel in ihrem Buch »Der große Kampf«. Alle Ereignisse, die wir dort beschrieben finden, sind ebenso auf den Weltkommunismus anzuwenden, der sich seit der Revolution in Russland im Jahre 1917 entwickelte. Ellen G. White erklärte, die Ideologie der Französischen Revolution würde wieder erscheinen und sich über die Welt, insbesondere über Europa, ausbreiten. Dazu schrieb sie: »Die Zusammenballung von Macht und Reichtum, die großen Zweckgemeinschaften zur Bereicherung weniger auf Kosten der vielen, der Zusammenschluss der ärmeren Klassen zur Verteidigung ihrer Anliegen und Ansprüche, der Geist der Unruhe, des Aufruhrs und des Blutvergießens, die weltweite Ausbreitung jener Lehren, die zur Französischen Revolution führten – das alles treibt darauf zu, die Welt in eine ähnliche Auseinandersetzung zu verwickeln, wie sie Frankreich erschütterten« (Erziehung, 212).

Wenn das keine Beschreibung des Kommunismus und der Ausbreitung des Weltkommunismus ist – was könnte es sonst sein? Selbstverständlich hat Ellen G. White wohl kaum in ihrer Zeit ermessen können, was das alles bedeutete; ähnlich verhält es sich mit den biblischen Propheten. Es liegt an jedem Einzelnen von uns, dies alles genau zu prüfen. Wir werden erkennen müssen, dass der Geist der Weissagung die Ära des Kommunismus nicht ausgelassen hat. Wenn wir über den Kommunismus sprechen, sind wir notwendigerweise gezwungen, auf Offenbarung 17 hinzuweisen, ganz besonders auf das darin beschriebene »Tier aus dem Abgrund«, das zuerst in Offenbarung 11 auf den Plan trat. Die enge Beziehung zwischen dem Tier in Offenbarung 11 und dem in Offenbarung 17 ist offensichtlich. Beide müssen identisch sein, sowohl dem Ursprung nach als auch nach ihrem Sinn und Muster. Darum sollten wir das, was wir auf das Tier in Offenbarung 11 anwenden, auch für das in Offenbarung 17 als gültig betrachten. Ich kann nicht umhin, zu dem Schluss zu kommen, dass Offenbarung 17 eine Beschreibung für eine Entwicklung darstellt, die ihren Anfang in der Oktoberrevolution des Jahres 1917 nahm. Diese Entwicklung wuchs sich weltweit nach dem Zweiten Weltkrieg fast explosionsartig aus, und wir wissen, wie sie zu einer internationalen Polarisierung führte: Auf der einen Seite standen die Vereinigten Staaten von Amerika und auf der anderen Seite der Kommunismus.

Zwei historische Instrumente des Grauens

Der Kommunismus benutzte die gleichen Methoden, wie sie das »kleine Horn« im Laufe der Geschichte immer wieder angewandt hat. Einige dieser Methoden habe ich am eigenen Leibe erfahren während meiner fünfjährigen Kriegsgefangenschaft in Russland. Es würde zu weit führen, sie hier zu beschreiben. Geschichtlich betrachtet sind wir mit zwei »Ismen« konfrontiert worden, die eng miteinander in Verbindung stehen. Diese brachten über die Menschheit ungeheuerliches Blutvergießen, Unglück und Elend. Diesen ersten »Ismus«, in der Bibel als »Kleine-Horn«-Macht dargestellt, müssen wir als Katholizismus identifizieren. Dabei sollten wir uns hüten, den einzelnen Katholiken zu beschuldigen. Hier geht es um das System, das im Laufe der Zeit Millionen von Menschen das Leben kostete.

Polarisierung der Mächte

Es gibt nur eine Macht, die es mit den Grausamkeiten obiger Institution aufnehmen kann und die in unserer Zeit Millionen von Menschen umbrachte oder versklavte, und das in einer relativ kurzen Zeitspanne: der Kommunismus.

Ellen G. White hat in ihren Schriften das Papsttum eingehend beschrieben, indem sie an die Weissagungen vor allem in den Büchern Daniel und Offenbarung anknüpfte. Diese Macht ist gleichermaßen das »kleine Horn«, das mysteriöse Babylon und das Tier in Offenbarung 13 sowie die »Hure« in Offenbarung 17. Es soll an dieser Stelle erwähnt werden, weil ich darstellen möchte, dass in den jüngeren Ereignissen etwas geschehen ist, von dem kaum jemand glaubte, dass es geschehen könnte, nämlich, dass jene Macht noch einmal in den Blickpunkt der Völker treten würde. Nach Offenbarung 17 soll die »Hure« zur Reiterin auf dem Tier werden. Genau das haben wir als Zeugen der Ereignisse miterlebt. Was wir vor unseren eigenen Augen sich entwickeln sehen, ist wieder eine Polarisierung der Macht, jedoch mit einer neuartigen Konstellation: Auf der einen Seite sehen wir die Vereinigten Staaten von Amerika – sie bleiben an der Macht und geben Führung und Richtung für viele Nationen, wie es in einem Zitat satirisch ausgedrückt ist: »In der vor uns liegenden Zeit, wo Löwe und

Lamm miteinander grasen werden, muss Amerika immer der Löwe sein« (Jack Kemp: Convention der Republikaner 19. August 1992). Auf der anderen Seite operiert der Katholizismus. Es muss darauf hingewiesen werden, dass beide Mächte Hand in Hand zusammenarbeiten. Im Hinblick darauf hat Ellen G. White einige sehr wichtige Aussagen gemacht, zum Beispiel die folgende: »In der Verehrung des Papsttums werden die Vereinigten Staaten nicht allein sein. Der Einfluss Roms in den Ländern, die einst seine Herrschaft anerkannten, ist keinesfalls zerstört« (Signs of the Times, 15. Februar 1910). Offensichtlich gilt dies für Europa, denn jene Länder, die einst Roms Herrschaft anerkannten, liegen hauptsächlich in Europa. In jüngster Vergangenheit schien allerdings die Macht Roms gebrochen zu sein, besonders in den vom Kommunismus beherrschten Ländern. Die größte Feindschaft bestand zwischen dem Kommunismus und der katholischen Kirche. Ellen G. White sagte aber voraus, dass sich diese Situation ändern würde.

Zwei weltbeherrschende Mächte

Eine weitere Voraussage von Ellen G. White lautet: »Rom in der Alten Welt und der abgefallene Protestantismus in der Neuen Welt werden gegenüber jenen, die Gottes Anweisungen folgen, die gleiche Haltung einnehmen. Die sogenannte ›christliche Welt‹ wird zum Schauplatz großer und entscheidender Vorgänge werden. ... Babylon wird alle Nationen von dem Wein des Zornes ihrer Hurerei trinken lassen, und jede Nation wird daran beteiligt sein« (In: Heavenly Places, 338). So wird also das aus dem Kommunismus wiedererstandene Europa mehr oder weniger von der Hure angeführt. Sie setzt sich auf das Tier. Sie versucht jetzt ihre Kräfte neu zu sammeln, und das zuerst und vor allem in Europa. Dabei geht sie Hand in Hand mit den Vereinigten Staaten von Amerika. Daraus ist zu erkennen, dass sich eine weltweite Allianz bildet. Eine Zeitungsnotiz vom 23. April 1990, die in der »San Bernardino Sun« erschien, besagt Folgendes: Der Papst berief eine Synode aller europäischen Bischöfe ein. In Europa gibt es etwa 1000 Bischöfe. Sie versuchten jetzt, die katholische Kirche in Ungarn, in Rumänien und in allen weiteren östlichen Ländern neu zu organisieren, um den politischen Kräften Führung und Leitung zu geben. Der Papst gab an, dass er die Bischöfe zusammengerufen habe, weil politisch die Zeit gekommen sei, um den geschichtlichen Zusammenhängen zwischen Europa und der Kirche mehr Aufmerksamkeit zu schenken. Diese Entwicklung stärkt den Katholizismus und andere Kirchen, die eng mit dem Vatikan zusammenarbeiten. Natürlich haben alle das Ziel, eine Ära des Weltfriedens zu schaffen. Wohlstand und Frieden überall – das ist ihr Ziel! Diese Ideen sind seit langem als der sogenannte »Amerikanische Traum« bekannt, dem schon im letzten Jahrhundert die Anhänger der Miller-Bewegung ihre Botschaft von der baldigen Wiederkunft Jesu entgegensetzten. Die Verwirklichung jenes Traumes schafft engere Beziehungen zwischen Europa (Papsttum) und Amerika, genau wie es in Offenbarung 13 und 17 dargestellt ist.

Die letzten Entwicklungen sind in Bewegung geraten

Welche Bedeutung haben all die jüngsten Entwicklungen für uns als Siebenten-Tags-Adventisten? Wir können die Antwort vielleicht in einem Satz zusammenfassen: Gott gibt uns nochmals eine Gelegenheit, um mit einer letzten Anstrengung den Menschen das Evangelium zu bringen. In diesem Zusammenhang müssen wir zum Beispiel auch die jüngsten Entwicklungen bei adventistischen Radio- und Fernsehsendern sehen sowie die Evangelisationen, die auf dem Gebiet der ehemaligen Sowjetunion stattfinden. Die Adventgemeinde ist dazu aufgerufen, sich auf diesen Gebieten zu engagieren und Verantwortung zu übernehmen. In Europa sind die Türen dafür weit offen. Das gilt auch für andere Teile der Welt. Wir müssen durch diese Türen treten und tun, was Gott uns aufgetragen hat: überall das Evangelium predigen. Ellen G. White schrieb: dass »die letzten Ereignisse und Bewegungen schnell vor sich gehen werden«, so sollten wir ohne zu zögern die sich bietenden Gelegenheiten nutzen. Wenn sich die religiösen Mächte wirklich gefestigt haben – sei es in Europa oder in Amerika –, dann wird mit Sicherheit geschehen, was Ellen G. White vorausgesagt hat. In diesem Zusammenhang hat sie gedrängt: »... Gott möchte nicht, dass jemand verloren werde; Gott wird dafür sorgen, dass am Ende der Zeit – und in dieser Zeit leben wir – jedes menschliche Wesen die Gelegenheit haben wird, der klaren Predigt der Botschaft Gottes, dem ewigen Evangelium, zuzuhören. Gott ist Herr der Situation« (Maranatha, 218).

Welches Evangelium braucht eine sterbende Welt?

Die jüngsten Ereignisse haben wie eine Sturmflut die Welt unvorbereitet getroffen. Alle Staatsmänner waren verblüfft und aufs Äußerste überrascht. Aber uns ist gesagt, dass »Gott Herr der Lage ist«. Die Wahrheit wird in klarer, unmissverständlicher Sprache verkündet werden. Als Gottes Volk müssen wir den Weg des Herrn unter der Führung des Heiligen Geistes bereiten. Das Evangelium muss in seiner Reinheit weitergegeben werden. Ich denke, dass wir dem »lauten Ruf« sehr nahe sind, oder sind wir vielleicht schon mitten darin? Es ist wichtig, die Erfüllung von Prophezeiungen in den Geschehnissen unserer Tage zu erkennen. »Während des lauten Rufes«, so stellte Ellen G. White fest, »wird mit Hilfe des göttlichen Eingreifens unseres erhöhten Herrn die Botschaft der Erlösung so ausgebreitet werden, dass das Licht in jede Stadt, an jeden Ort getragen wird. Die Erde wird so umfassend mit dieser Botschaft erfüllt werden, dass der erneuernden Kraft des Heiligen Geistes keine Grenzen gesetzt sind. Ja, es scheint, dass an allen Orten dieses Licht aufleuchten wird« (Maranatha, 218). Hier handelt es sich nicht um das Licht irgendeines Evangeliums, zum Beispiel eines sogenannten sozialen Evangeliums, sondern des ewigen Evangeliums.

Dreifache Engelsbotschaft im Mittelpunkt

Als Siebenten-Tags-Adventisten verlieren wir uns manchmal in allen möglichen Diskussionen, Debatten und sogar Streitigkeiten. Es gibt zu viele, die die Gemeinde kritisieren. Wir können und sollten unsere Kraft und Zeit nützlicher einsetzen. Ellen G. White stellt fest: »Die Wahrheiten, die in der ersten, zweiten und dritten Engelsbotschaft enthalten sind, müssen allen Nationen und Geschlechtern und Sprachen und Völkern verkündigt werden. Sie müssen das Dunkel jedes Erdteils erleuchten und auch die Inseln des Meeres erreichen. In dieser Arbeit darf es keine Verzögerung geben« (Gospel Workers, 470).

Es ist angebracht, die Frage zu stellen, wer außer der Adventgemeinde diese Dreifache Engelsbotschaft verkündigt, die doch Gottes letzte Warnungsbotschaft an die Welt enthält. Viele predigen über das zweite Kommen Jesu, auch über den siebenten Tag der Woche, den Sabbat – aber wer predigt außer der Adventgemeinde über die Dreifache Engelsbotschaft aus Offenbarung 14? Uns ist niemand bekannt! Diese Botschaft ist genau diejenige, die Gott allen Menschen der letzten Generation zukommen lassen will. Ellen G. White unterstrich diese Notwendigkeit nachdrücklich.

Predigtinhalte

Ehe diese Botschaft alle Menschen erreichen kann, muss sie auch gepredigt werden, wobei das Buch der Offenbarung, in dem diese Botschaft zu finden ist, im Vordergrund steht. Ellen G. White wies darauf hin, dass wir uns vor jeder Ablenkung von unserer Aufgabe hüten sollten, beispielsweise dass wir in unserer Predigt Dinge betonen, die für eine sterbende Welt ohne Bedeutung sind. »Die kostbare Zeit vergeht wie im Fluge, und es besteht die Gefahr, dass viele der Zeit beraubt werden, die sie der Verkündigung der Botschaften widmen sollten, die Gott einer gefallenen Welt gesandt hat. Satan freut sich zu sehen, dass die Gedanken abgelenkt werden, anstatt sich dem Studium der Wahrheiten zu widmen, die Ewigkeitsbedeutung haben« (Schatzkammer der Zeugnisse, Bd. III, 238). Gesellschaftliche, soziale und sonstige Anliegen, so wichtig sie auch sein mögen, dürfen nicht unsere Verantwortung mindern, die Dreifache Engelsbotschaft in der ganzen Welt zu predigen. »Der Welt muss das Zeugnis Christi, ein ernstes, feierliches Zeugnis gegeben werden. Durch die ganze Offenbarung ziehen sich köstlichste, erhebende Verheißungen, aber auch schwerwiegende Warnungen. Wollen nicht alle, die die Wahrheit kennen, das Zeugnis lesen, das Johannes von Christus empfing? Hier gibt es weder Vermutungen noch wissenschaftliche Täuschungen. Hier sind die Wahrheiten, die unser gegenwärtiges und zukünftiges Wohlergehen betreffen. Wie reimen sich Spreu und Weizen zusammen?« (Schatzkammer der Zeugnisse, 238).

Satanische Wunder – Gefahr für die Gemeinde

Was uns in Wahrheit fehlt, führt Ellen G. White im Weiteren aus: »Ist Gottes Volk so fest in seinem göttlichen Wort gegründet, dass es sich noch nicht einmal von eigenen Sinneswahrnehmungen täuschen lässt?« (Maranatha, 218). Sie spricht hier von Wundern, die sogar Siebenten-Tags-Adventisten aus der Bahn werfen könnten. Vor einiger Zeit wurde in einer unserer Gemeinden vorgebracht, dass vielleicht schon in nächster Zeit in einigen Gruppen der Adventgemeinde Wunder geschehen könnten. Damit ist diese Möglichkeit bereits ins Blickfeld gerückt. Es gilt, nüchtern zu bleiben und keine unvernünftigen Ideen zu propagieren. Aber auch für solch eine mögliche Entwicklung sind uns durch den Geist der Weissagung Warnungen gegeben, damit wir wachsam bleiben und übernatürliche Erscheinungen richtig einschätzen können. Diese Warnungen sind uns eine große Hilfe, im Glauben fest zu bleiben. Wir müssen uns unserer Verantwortung bewusst werden, klar und nüchtern zu denken, und alles, was uns begegnet, anhand von Gottes Wort zu prüfen. Es ist unsere Pflicht, die Dreifache Engelsbotschaft zu verkündigen, und zwar allen Menschen und überall. Ellen G. White warnt mit folgenden Worten: »Wir brauchen uns nicht täuschen zu lassen. Bald werden sich eindrucksvolle Szenen abspielen, mit denen Satan in enger Verbindung steht. Gottes Wort erklärt, dass Satan Wunder wirkt. Er wird Menschen krank machen und dann plötzlich seine satanische Macht wegnehmen, damit sie als geheilt erklärt werden können. Diese Werke offensichtlicher Heilungen werden Siebenten-Tags-Adventisten auf die äußerste Probe stellen« (Selected Messages, Bd. II, 53).

Enge Verbundenheit mit Christus und seinem Wort

Diese Aussage wird im Folgenden näher erklärt: »Viele, die großes Licht besaßen, werden nicht im Lichte wandeln, weil sie nicht mit Christus eins geworden sind. Gottes Volk wird seine Sicherheit nicht im Wirken von Wundern finden. Satan wird jedes Wunder, auch solche aus der Vergangenheit – nachahmen. Gottes Volk muss sich auf das lebendige Wort stützen und darin seinen Halt finden: ›Es steht geschrieben‹ «(Selected Messages, Bd. II, 55). Wir erinnern uns noch einmal an die Worte, die Paulus an Timotheus richtete: »Predige das Wort!« Wir müssen uns also vor dem Sensationellen, dem Außergewöhnlichen hüten, sogar dahingehend, dass wir Gottes Wort mehr trauen sollten als unseren Sinnen. Darin liegt unsere einzige Sicherheit! In verschiedenen Zeugnissen führt Ellen G. White aus, dass wir uns bewusst sein müssen, warum wir Siebenten-Tags-Adventisten sind. Wir müssen in der Lage sein, unsere Glaubenslehren vor den höchsten Gremien der Welt zu verteidigen. Dabei müssen wir fähig sein, unseren Glauben zu bekunden, indem wir sagen, was wir glauben und warum wir glauben. Dies bedeutet, dass unser Glaube nicht damit begründet wird, dass unsere Vorfahren so geglaubt haben, wie es bei vielen der Fall ist, sondern wir glauben aus eigener Überzeugung, durch eigenes Lesen und Begreifen der Worte der Heiligen Schrift. »Was du ererbt von deinen Vätern, erwirb es, um es zu besitzen« (Johann Wolfgang Goethe). Nur so können wir die Gründe unseres Glaubens überzeugend darlegen.

»Wir müssen persönlich von der Wahrheit überzeugt und bereit sein, zur Verantwortung vor jedermann, der von uns Grund der Hoffnung fordert, die in uns ist; und das mit Sanftmut und Gottesfurcht, nicht in einer stolzen, prahlerischen, hochmütigen Weise, sondern im Geiste Christi. Es kommt die Zeit, in der wir für unseren Glauben persönlich einstehen müssen« (Evangelisation, 66).

Aufgaben der Gemeinde verstehen und handeln

Immer wieder müssen wir auf die göttliche Berufung der Adventgemeinde hinweisen und sie uns vor Augen führen. Die Begeisterung für Berufung und Aufgabe der Gemeinde muss unter uns wieder angefacht werden, so, wie sie auch unter unseren Glaubensvätern zu finden war. Es ist eine große Gnade, dazugehören zu dürfen. Komme, was da wolle! Wir sollten unsere Treue zu Gott und zu seiner Gemeinde niemals in Frage stellen lassen. Die letzten Entwicklungen werden schnell und unerwartet vor sich gehen. Wir wissen nicht, was uns die Zukunft bringen wird. Nicht alles wird leicht zu tragen sein. Jedoch sollten wir nicht dieselbe Melodie singen wie die Welt, die Ausschau hält nach einem Zeitalter der Sorglosigkeit, des Glücks und des Wohlstandes. Dieses erstrebte Zeitalter ist nichts anderes als eine Fata Morgana.

Ich bin davon überzeugt, dass – sobald sich die bösen Kräfte gesammelt haben – die Verfolgung für Gottes Volk kommen wird. Die Türen, die sich für die Verkündigung des Evangeliums geöffnet haben, können und werden sich schnell wieder schließen. Gleichzeitig dürfen wir aber auch wissen, dass in der vor uns liegenden Verfolgung viele standhaft bleiben werden, sich für Recht und Wahrheit einsetzen und die Folgen ihrer Entschiedenheit tragen müssen. Unter ihnen werden auch solche sein, die sich jetzt noch nicht der Adventgemeinde angeschlossen haben. Die noch im Leiden triumphierende Gemeinde wird der Welt ein einzigartiges Schauspiel bieten. Das ist teilweise unter der Herrschaft des Kommunismus schon der Fall gewesen.

Vor einiger Zeit wurde ich auf ein Buch aufmerksam, das den Titel trägt: »The Pastor's Wife« (»Die Pastorenfrau«). Autorin ist Sabina Wurmbrand, eine jüdische Christin aus Rumänien. Sie beschreibt in ihrem Buch die Erfahrungen in einem rumänischen Frauenarbeitslager. Die Frauen dort wurden zu härtester Arbeit an einem Kanalprojekt eingesetzt, schikaniert und misshandelt. Unter anderem berichtet sie von dem Verhalten einer Gruppe adventistischer Frauen: »Es ist Sonnabend. Es muss Sonnabend sein. Die kleine Ani Stanescu schreit. Sie schlagen die Siebenten-Tags-Adventisten. Jeden Sonnabend werden die Frauen dieser Gruppe zum Antreten zur Arbeit befohlen. Und jedes Mal weigern sie sich. Auch wenn sie brutal geschlagen werden. Nichts kann sie dazu bewegen, an ihrem Ruhetag zu arbeiten. Orthodoxe, Katholiken und Protestanten arbeiteten am Sonntag, um Schlägen zu entgehen. Die Adventisten aber litten Woche für Woche.« Dieses Zeugnis spricht für sich.

Es ist in der Tat eine große Gnade, zur Gemeinschaft der Siebenten-Tags-Adventisten zu gehören. Lasst uns nicht entmutigt werden, sondern lasst uns jede Gelegenheit ergreifen, den Auftrag auszuführen, den uns Gott zur Errettung vieler Menschen anvertraut hat. Lasst uns nicht müde werden, gegenwärtige Entwicklungen in der Welt im Lichte der göttlichen, biblischen Prophetie zu verstehen – und ebenso im Licht der Offenbarungen, die Gott uns durch Ellen G. White übermittelt hat.

Eins ist sicher: Die Weltgeschichte nähert sich ihrem Höhepunkt, dem Ende der Gnadenzeit und dem zweiten Kommen Jesu Christi. Möge Gott uns helfen, für jenen Tag bereit zu sein. Amen – Maranata!

Nachwort

Viele Jahre lang war es mein Wunsch, niederzuschreiben, warum ich mein Leben für die Adventmission eingesetzt habe. Dieses Büchlein ist die Erfüllung meines Wunsches. Es ist gleichzeitig als Zeugnis und Begründung meines persönlichen Glaubens gedacht und drückt meine unerschütterliche Erwartung der baldigen und sichtbaren Wiederkunft unseres Herrn und Heilandes Jesus Christus aus, die durch Erfüllung biblischer Prophetie in unseren Tagen bekräftigt wird.

Die Sachfolge ergab sich aus einer 1989 in der Adventgemeinde München-Ost gehaltenen Vortragsreihe sowie einer Serie von Andachten in der Loma-Linda-Universitätsgemeinde des gleichen Jahres.

Dieses Büchlein sei allen meinen Freunden gewidmet, verbunden mit der Bitte, herauszufinden, ob sich die Dinge tatsächlich so verhalten, wie sie dargestellt sind. Vor allem denke ich hierbei an jene, die mir lieb und wert sind, aber bei denen ich wenig Gelegenheit fand, mit ihnen über den Grund meines Glaubens zu sprechen oder ihn näher zu erläutern.

Loma Linda, Kalifornien, Dezember 1991

Konrad F. Mueller

Nachbemerkung zur Nachauflage 2019

Mein Bruder Konrad, der dieses Buch geschrieben hat, ist im Vertrauen auf die baldige Wiederkunft unseres Herrn Jesus Christus im Jahr 2012 verstorben. Er lebte für die Adventmission, und er wäre sehr glücklich, wenn er wüsste, dass heute über 20 Millionen Menschen zur Adventgemeinde gehören. Gleichzeitig scheint das Ringen um die Identität und das Bekenntnis der Freikirche der Siebenten-Tags-Adventisten zuzunehmen. Nicht nur das Wachstum der Kirche auf der südlichen Welthalbkugel stellt sie vor die Herausforderung, wie immer mehr und sehr unterschiedliche Kulturen zu integrieren sind – auch die theologischen Auseinandersetzungen über das spezifisch »Adventistische« im Glauben der protestantischen Freikirche muss von jeder Generation im Sinne der »gegenwärtigen Wahrheit« neu verstanden und formuliert werden.

Mit der Herausgabe des Buches »Adventmission – warum?« hat Konrad F. Müller vor nunmehr fast 30 Jahren versucht, eine Antwort auf die Frage nach dem adventistischen Auftrag zu geben, der mit der Existenz der Adventgemeinde fest verknüpft ist. Es ist immer noch eine gute Grundlage zur Standortbestimmung von Adventgläubigen heute. Aus diesem Grund habe ich mich entschieden, das Buch in einer neuen Auflage herauszugeben. Möge es eine Hilfe werden, den Glauben an unseren Herrn und Gott zu vertiefen und im Vertrauen auf seine baldige Wiederkunft lebendig zu halten.

Friedensau, im Frühjahr 2019

Fritz Müller

Über den Autor

Dr. Konrad F. Mueller (1919 – 2012) war selbst als adventistischer Missionar tätig. Sein Theologie-Studium in Friedensau wurde zunächst durch die Einberufung zum Militär unterbrochen. Nach Kriegseinsatz, Verwundung und russischer Kriegsgefangenschaft bis 1949, wanderte er 1950 in die USA aus. Hier setzte er sein Studium an der adventistischen Universität La Sierra (Kalifornien) und an der Andrews University (Berrien Springs, Michigan) fort, wo er den Master of Divinity erwarb. Er promovierte in Deutschland an der Johann-Wolfgang-Goethe-Universität Frankfurt zum Thema: „Die Frühgeschichte der Siebenten-Tags-Adventisten bis zur Gemeindegründung 1863 und ihre Bedeutung für die moderne Irenik".

Ein Missionsauftrag führte ihn 1957 gemeinsam mit seiner Frau Erna und den beiden Töchtern nach Nigeria (Westafrika), später nach Liberia – hier unterrichtete er an verschiedenen Schulen. Später lehrte er am Theologischen Seminar Marienhöhe in Darmstadt (Deutschland) und am Newbold College (England), wo er bis zur Pensionierung das Ellen-G.-White-Studienzentrum leitete. Seinen aktiven Ruhestand verlebte er in den USA. Seiner Auffassung gemäß, dass ein Pastor zeitlebens als solcher aktiv bleibe, arbeitete er weiterhin als Pastor. Er unternahm Evangelisationsreisen nach Astrachan (Russland), der Stadt an der Wolga, in der er fünf Jahre lang seine Kriegsgefangenschaft verbrachte. An diesem besonderen Ort Vorträge zu halten, von der Liebe Gottes zu erzählen, war ihm ein ganz besonderer und wichtiger Auftrag, den er mit großem Engagement erfüllte.